왜 우리는 불평등한가

EBS 클래스ⓔ 인문

왜 우리는 불평등한가

이정우 지음

쉽게 읽는 피케티 경제학

PIKETTY

EBS
BOOKS

책을 펴내며

최근 세계 각국을 괴롭히는 가장 골치 아픈 문제를 한 가지만 들라고 하면 그것은 단연 '불평등'일 것이다. 지난 40년간 거의 대부분의 나라에서 소득 불평등이 커져왔다. 우리나라도 예외가 아니다. 불평등 또는 양극화라는 단어는 1997년 외환위기 이후에 거의 매일 언론 지면을 장식한다. 한국에서는 소득 불평등의 심화, 정규직과 비정규직의 양극화뿐만 아니라 부동산으로 인한 자산 불평등이 유독 심각하다. 최근 서울 집값이 불과 몇 년 사이에 두 배로 뛰면서 자산 격차가 발생해 심각한 사회 갈등을 빚고 있다. 무주택 서민들은 전대미문의 수준으로 급등하는 집값을 보면서 내 집 장만은 평생 불가능하겠구나 하는 절망에 빠져 있다. 부동산에서 발생하는 막대한 불로소득은 그 자체로 커다란 불평등과 사회 갈등을 야기할 뿐만 아니라, 그 유혹은 다른 생산적 활동을 저해하는 부작용까지 일으키므로 한국 경제의 발전을 가로막는 치명적 병폐라고 할수 있다. 이 문제의 해결 없이는 한국 경제의 지속적인 발전과 선진국 진입은 어렵다.

프랑스의 젊은 경제학자 토마 피케티는 2013년에 혜성처럼 나타났다. 그가 세상에 내놓은 책 『21세기 자본』은 나오자마자 세상의 주목을 받았고, 그를 일약 세계적 경제학자 반열에 올려놓았다. 세상이 불평등으로 몸살을 앓고 있던 차에 불평등을 주제로 한 본격적이고 참신한 책이 나오자 30여 개국에서 번역되어 나왔고, 하루아침에 세계적인 베스트셀러가 되었다. 이 책은 200년간의 장기 통계에 바탕을 두고 있고, 한두 나라가 아닌 여러 선진국의 불평등 심화 현상을 보여주면서, 그것이 일시적이고 우연적인 현상이 아니라 장기적이며 필연적인 현상이라고 주장하고 있어서 큰 충격을 주었다.

『21세기 자본』이 번역이 되어 나온 2014년 9월에 피케티는 한국을 2박 3일간 방문했다. 나는 이 책의 해제를 쓴 인연으로 그와 만나 한 시간 동안 대담을 했고, 연세대학교 강연에도 동행해 이런저런 이야기를 나누었다. 그 뒤 2018년 10월 한겨레신문사에서 주최한 '아시아미래포럼'에 피케티가 주제 강연차 다시 한국을 방문했는데, 이때 역시 피케티와의 좌담에 참석해서 4년 만에 그와 재회

했다. 4년 사이에 변화가 있었다면 2014년에는 피케티가 주로 경제 이야기를 했다면 2018년에는 주로 정치 이야기를 했다는 점이다. 불평등 심화라는 거대한 힘에 맞서기 위해 그가 제안했던 사회국가 확립, 누진소득세 강화, 세계자본세 도입이라는 3대 처방이 현실 정치의 벽에 부딪쳐 한 발자국도 앞으로 나아가지 못하는 답답한 현실을 보면서 그는 정치를 바꾸지 않고는 경제문제 해결이 불가능하다는 사실을 절실히 느낀 게 아닐까 짐작되었다.

2019년에 출간한『자본과 이데올로기』에서도 역시 불평등 문제를 다루되, 전보다 정치와 이데올로기의 중요성을 훨씬 강조하고 있다. 나는 이 책에 대해서도 해제를 썼으니 이래저래 피케티와는 인연이 많은 셈이다. 앞으로도 상당 기간 불평등은 세계적인 화두일 것이고, 피케티가 제시하는 몇 가지 해법을 둘러싸고 활발한 토론이 전개될 것이다. 우리나라는 특히 불평등이 심각한 상태이므로 이런 토론이 특별히 중요할 수밖에 없다.

2020년 8월 나는 EBS의 제안을 받아 '피케티와 불평등'을 주제로 10회의 강의를 진행했다. 코로나19가 기승을 부리는 가운데 한

여름에 땀을 뻘뻘 흘리며 열 번의 강의를 녹화하는 것은 쉬운 일이 아니었으나, 그 뒤 뜻밖의 사람들이 방송을 보았다고 말해주어 꽤 보람도 있었다. 그 강연 내용을 바탕으로 좀 더 살을 붙여 이 책을 펴냈다. 특히 실력주의meritocracy에 대해 긴 글을 새롭게 추가했다. 피케티는 『21세기 자본』에서 19세기를 금권주의plutocracy 시대로 규정하고 20세기는 실력주의 시대로 규정하면서, 전자는 부정적으로, 후자는 긍정적으로 평가했다. 그러나 최근 몇 년 사이 학계에서는 실력주의에 대한 날카로운 비판이 이어지고 있어서 피케티의 관점이 과연 옳은지 검토할 필요가 있다.

강의를 바탕으로 해서 책으로 내는 것은 쉽지 않은 일이다. 그럼에도 불구하고 이렇게 멋진 결과물을 만들어준 EBS BOOKS에 고마움을 표하고 싶다. 방송 강의의 엉성하고 어눌한 구어체의 초고를 바탕으로 해서 그럴듯한 한 권의 책으로 발전시켜준 엄기수 편집자를 비롯한 여러분의 마술 같은 솜씨에 감사를 드린다. 물론 책에 남은 오류는 전적으로 내 책임이다. 이 책이 한국의 불평등 논의의 발전과 해법 발견에 작은 기여를 할 수 있기를 바란다. 코로나19도 2년이 다 되어가니 지긋지긋하지만 불평등은 더욱 오래되고 끔찍한 문제다. 앞으로 세상이 좀 더 평등하고 살기 좋아지기를 바라면서 이 책을 세상에 내놓는다.

2021년 11월 대구에서

이정우

차
례

왜
우리는
불평등
한가

01

피케티 신드롬! 돈이 돈을 번다

먼저 피케티라는 경제학자를 잠깐 소개하겠다. 피케티는 프랑스 파리경제대학교와 사회과학고등연구원EHESS 교수다. 그는 1971년에 태어났고, 프랑스에서 대학을 졸업한 뒤 영국으로 유학을 가서 런던정치경제대학교London School of Economics and Political Science에서 경제학 박사학위를 받았다. 그 후 매사추세츠공과대학MIT 경제학과에서 조교수로 학생들을 가르쳤다. MIT는 세계 최고의 공과대학으로 널리 알려져 있지만 동시에 폴 새뮤얼슨Paul Samuelson이라든가 로버트 솔로Robert Solow 같은 노벨경제학상 수상자를 여러 명 배출한 최고 수준의 경제학과로도 유명하다.* 피케티는 MIT에서 3년간 조교수 생활을 하다가 돌연 미국에서의 교수 생활을 접고 프랑스로 돌아갔다. 그리고는 혼자서 오랜 기간 프랑스의 장기통계 연구에 집중했다.

프랑스는 다른 나라에 비해 장기통계가 많다고 한다. 특히 세금통계가 많은데, 그 이유는 프랑스혁명과 관련이 있다. 1789년에 일어난 프랑스혁명은 군중이 바스티유 감옥을 습격하면서 시작되었다. 바스티유는 엄청난 역사적 상징성을 지닌 곳이지만 실제로 당시 바스티유 감옥에는 정치범, 사상범이 거의 없었고 잡범 몇 명만 수용되어 있었다는 것은 잘 알려진 이야기다. 혁명이 일어난 가장 큰 원인은 세금에 대한 불만이었다. 그래서 혁명 정부가 주력한 일이 세금 문제를 바로 잡는 것이었다. 그러자면 먼저 제대로 된 통계부터 있어야 했기 때문에 프랑스는 대단히 잘 정비된 세금 통계를 갖게 되었다.

피케티는 200년이 넘은 낡은 세금 통계들을 가지고 연구를 시작했다. 이전에는 아무도 거기에 관심을 두지 않았다. 그 오래되고 먼지가 폴폴 나는 세금 자료에 도대체 누가 관심을 갖겠는가. 그런데

폴 새뮤얼슨 Paul Samuelson
(1915~2009)

* 폴 새뮤얼슨은 하버드대학에서 젊은 나이에 「경제 분석의 기초」라는 뛰어난 박사학위 논문을 썼는데 놀랍게도 이 논문이 나중에 노벨경제학상을 받는 근거가 되었다. 박사논문의 심사위원이었던 유명한 경제학자 슘페터(J. Schumpeter)가 동료 심사위원 레온티예프(W. Leontief) 교수(1973년 노벨경제학상 수상)에게 "도대체 누가 누구를 심사하고 있는 거요?"라고 농담을 했다는 일화가 전해진다. 뛰어난 업적에도 불구하고 새뮤얼슨은 하버드대학 교수가 되지 못했는데, 그 이유는 단지 그가 유태인이라는 것 때문이었다. 지금은 그렇지 않으나 당시에는 유태인 차별이 심했다. 새뮤얼슨은 분한 마음에 후배 로버트 솔로와 더불어 이웃해 있는 MIT로 옮겨 가 그곳 경제학과를 세계 최고 수준으로 올려놓았다.

피케티는 누구도 시선을 두지 않았던 자료를 파고들어 놀라운 연구 결과를 얻어냈다. 그렇게 탄생한 책이 『21세기 자본*Capital in the Twenty-First Century*』이다. 피케티는 2013년에 『21세기 자본』 그리고 2019년에 『자본과 이데올로기*Capital and Ideology*』라는 책을 썼는데, 각각 800쪽 1,300쪽 정도니까 한번 썼다 하면 어마어마하게 두꺼운 책을 써내는 사람이다. 그리고 2018년에는 피케티를 포함한 5명의 경제학자들이 공저한 『세계 불평등 보고서*The World Inequality Report 2018*』라는 책을 냈다. 이 책 역시 세계적으로 주목을 받았다.

앞으로 이 세 권의 책을 소개하면서, 세계적 불평등 그리고 한국의 불평등을 어떻게 바라보고 대처할 것인지 살펴볼 것이다. 그러면 피케티가 발견한 것이 무엇인지 먼저 간단히 요약을 해보자.

1 ─ 피케티의 발견

피케티는 지난 수십 년 동안 자본/소득 비율이 상승해왔을 뿐만 아니라 그것이 결국은 자본소득을 높여왔다고 주장한다. 국민소득은 자본소득과 노동소득으로 나뉘는데, 자본소득의 비중이 늘어났다는 것은 다른 말로 하면 노동소득의 비중이 줄어들었음을 뜻한다. 노동소득 총액은 줄지 않았더라도 비율로 보면 줄었다는 것이다. 피케티는 지난 40여 년 동안 자본 대 소득의 비율이 높아졌고, 각국에서 국민소득 대비 자본량이 많아졌다고 말한다. 자본소득의 비중이 높아지고 노동소득의 비중은 낮아진다는 것은, 자본소득의 소유자들이 상대적으로 부유해졌다는 의미다. 또는 노동소득으로 살아가는 사람들이 상대적으로 가난해졌다고 말해도 좋다. 자본소득과 노동소득의 상대적 크기를 총량적으로 보면 그런 관계가 성립한다는 뜻이다. 대체로 자본소득으로 살아가는 사람이 노동소득으로 살아가는 사람보다 잘사는 사람이 많다고 볼 수 있는데―물론 개인적으로는 예외가 있을 수 있지만―그렇다면 이런 변화는 불평등의 심화, 부익부 빈익빈이라고 불러도 좋다.

자본소득의 몫이 늘어났고 노동소득의 몫이 줄어들었다는 것은 부익부빈익빈, 불평등이 더 심해졌음을 의미하며, 피케티가 세계적으로 주목받는 이유는 이것을 수치적으로 밝혀낸 데 있다. 피케티는 상당히 우울한, 비관적인 이야기를 하고 있는 것이다. 나아가 이런 추세가 지난 40년간 지속되어왔을 뿐만 아니라, 앞으로 21세기 내내 불평등 심화가 계속될 것이라고 말한다. 그것도 한두 나라가 아니고 선진 자본주의국가들을 포함해 전 세계가 그렇다는 것이다. 그리고 이런 추세는 앞으로 점점 더 심해질 것이라고 예측한다. 이런 놀라운 주장에 사람들은 적지 않은 충격을 받았다. 피케티의 책을 읽고 여기저기서 강연과 인터뷰를 요청하면서 피케티는 하루아침에 세계적으로 주목받는 경제학자가 되었다. 미국 재무부의 초청을 받아 강연을 했고 엘리자베스 워런 상원의원 등 주요 인물들을 만나 대담을 진행했다. 그야말로 '자고 일어나니 유명해져 있더라'라는 신데렐라 이야기와 같다. 그의 책은 세계 30여 개국에서 번역되었는데, 영어판이 출간되고 곧바로 한국어로도 번역되어 2014년에 출간되었고, 피케티는 출간 직후 한국을 다녀갔다. 한국에서 여러 사람과 만나서 대담과 강연을 하고 주요 언론들과도 인터뷰를 진행했다.

왜 피케티에 열광하는가? 그것은 그가 보여주는 현실과 미래가 매우 충격적이기 때문이다. 그의 비관적이고 우울한 전망은 '세습자본주의patrimonial capitalism 시대'가 닥친다는 한마디로 요약할 수 있다. 이것은 자본주의 중에서도 별로 바람직하지 못한 형태다. 쉽게 말하면, 아버지가 부자면 자식도 부자가 되고 아버지를 잘못 만나면 자식은 가난을 면하기 어렵다는 것이다. 왜? 부가 세습되고 자본이 세습되기 때문이다. 그렇게 되면 부유하지 못한 가정에서 태어난 사람에게는 희망이 없다. 아버지가 가난하면 아들도 가난하고 그 아들도 가난에서 벗어날 수 없게 된다. 19세기에 유럽과 미국을 비롯한 거의 모든 나라에서 나타났던, 대단히 질 나쁜 성격의 이런 자본주의를 우리는 '세습자본주의'라고 부른다.

20세기에 들어와서는 사정이 조금 달라졌다. 아버지가 부자라도 자식이 가난할 수도 있고, 또 가난한 아버지 밑에서 태어나도 열심히 공부하고 노력하면 스스로 자수성가해서 부자가 될 수도 있었다. 20세기에는 적어도 이런 믿음, 이런 희망이 있었다. '개천에서

용 나는' 신화를 가끔 볼 수 있었다. 그런데 피케티는 다른 이야기를 한다. 20세기는 그랬는지 몰라도 이제는 그렇지 않다고, 21세기는 19세기처럼 다시 세습자본주의로 되돌아갈 위험이 크다고 말한다. 앞으로는 자본이 좌우하는 시대가 오고 개인의 노력은 별로 중요하지 않다고 말한다. 피케티의 전망대로라면 21세기에는 대단히 우울한 자본주의사회가 도래하게 된다. 그래서 전 세계인이 더욱더 피케티를 주목하고 그 처방에 귀를 기울이게 된 것이다.

피케티가 세습자본주의가 올 것이라는 심각한 문제 제기를 하는 데는 장기통계가 바탕이 되었다. 피케티는 앞에서 얘기했듯이 프랑스가 가지고 있던 200년이 넘은 아주 오래된 세금, 소득 자료를 활용해서 장기 추세를 발견해냈고, 그것을 바탕으로 먼 미래를 추측한다.

2
피케티의 무기, 장기통계

피케티는 누구보다 수학을 잘하는 경제학자다. 프랑스에서 대학을 다닐 때 경제학과 수학을 복수전공했으니 당연하다. 그럼에도 불구하고 그는 저서에서 수식을 아주 최소한만 사용했다. 700쪽이 넘는 책에 수식이 단 2개만 나온다. 수학이라는 말만 들어도 머리가 아픈 독자들이 더러 있을수도 있지만 전혀 걱정할 필요가 없다. 그가 제시한 수식은 아주 간단한 것으로 초등학교 수학 수준에 불과하다. 대부분의 경제학자들은 수학적 공식을 많이 사용하는데, 오히려 피케티는 경제학자들이 수학적 논리에 매몰되어 현실을 제대로 보지 못하는 것을 경계하고 있다.

피케티는 자본주의의 기본법칙 2개가 있다고 말한다. 그중 제1기본법칙은 '전체 국민소득에서 자본이 차지하는 몫(α)은 자본수익률(r)과 자본/소득 비율(β)을 곱한 것과 같다'고 표시된다.

$$자본주의 제1기본법칙 : \alpha = r \times \beta$$

결과적으로 자본소득분배율 α는 0과 1 사이의 값을 취하게 되는데, 나라별로 다르지만 대체로 0.3 내외라고 보면 된다. α가 0.3이라는 것은 국민소득에서 자본소득에 돌아가는 몫이 30퍼센트라는 뜻이다. 그럼 나머지 70퍼센트는? 당연히 노동소득이다. 이것이 피케티가 말하는 자본주의 제1기본법칙이다. 아주 간단하다. 그럼 0.3은 어떻게 결정되는가. 그것은 자본수익률(r)과 자본/소득 비율(β)의 곱으로 결정된다. 자본의 수익률(r)은 피케티의 연구에 따르면 나라별, 시대별로 차이가 있지만 대체로 5퍼센트 정도라고 보면 크게 틀리지 않는다고 한다. 그다음은 자본/소득 비율(β)인데, 한 나라의 국민총자본을 국민소득으로 나눈 값이다. 일명 '피케티 비율'이라고 부르는 이 자본/소득 비율이 최근 40년 동안 계속 상승하고 있다는 사실을 피케티는 발견했다.

예를 들어 어떤 나라의 자본수익률(r)이 5퍼센트이고, 자본/소득 비율(β)이 6(그 나라의 자본량이 국민소득의 6배라는 뜻)이라고 가정해보자. 이를 자본주의 제1기본법칙 수식에 대입해보면 $0.05 \times 6 = 0.3$ (5% × 6 = 30%)이 된다. 즉, 자본소득이 국민소득에서 차지하는 비율 (α)이 30퍼센트라는 뜻이다. 나머지 70퍼센트는 노동소득의 몫이 된다.

이와 같이 피케티의 자본주의 제1기본법칙은 $\alpha = r \times \beta$로 정의된다. 이것은 방정식이 아니라 정의식 또는 항등식에 해당된다. 언제 어디서나 성립하는 그런 관계다. 이 간단한 수식이 피케티가 말하는 자본주의의 제1기본법칙이다. 그럼 제2법칙으로 가보자.

자본주의 제2기본법칙 : $\beta = s/g$

피케티가 말하는 자본주의 제2기본법칙은 자본/소득 비율(β)은 저축률(s)을 경제성장률(g)로 나눈 값이다. 제1기본법칙은 항등식이지만, 제2기본법칙은 항등식이 아니고 방정식이다. 이 식이 어디서 왔는지 그 근원을 찾아보면 경제성장이론과 만나게 된다. 경제학 역사에서 보면 경제성장이론은 비교적 최근에 각광받는 분야다. 제2차 세계대전 후에 나타난 새로운 연구 분야로 영국의 경제학자 로이 해러드[Roy Harrod], 러시아인이지만 미국으로 건너가 활동했던 경제학자 에브시 도마Evsey Domar 그리고 앞에서 소개했던 MIT 경제학과 교수 로버트 솔로 등이 초기 경제성장론을 발전시킨 대표적인 학자들이다. 자본주의 제2기본법칙은 이들의 경제성장이론에 나오는 아주 유명한 수식이다. 이 식은 균형 성장을 위한 조건, 즉 장기적으로 경제가 성장해갈 때 이 조건이 성립하면 균형 성장이 이루어진다는 조건을 나타낸다. 그래서 제2기본법칙은 항등식이 아니고 방정식이다.

우리는 앞에서 자본/소득 비율(β)을 6이라고 가정했는데, 그렇다면 6은 저축률(s)을 경제성장률(g)로 나눈 수치다. 한 나라의 저축률은 5퍼센트, 10퍼센트가 되는 나라도 있고 30퍼센트가 넘는 나라도 있다. 대체로 한 나라의 저축률은 선진국으로 갈수록 높아지고 가난한 나라일수록 낮은 경향이 있다. 그러나 소득수준이 비슷하더라도 저축률은 나라별로 큰 차이가 있다. 자본주의 제2기본법칙은 자본/소득 비율과 저축률, 경제성장률 사이의 관계를 나타낸다. 예를 들어 저축률이 24퍼센트이고 경제성장률이 4퍼센트라고 가정해보자. 자본주의 제2기본법칙에 이를 대입하여 저축률(s)을 경제성장률(g)로 나누면 자본/소득 비율(β)은 6이 나온다. 이는 그 나라의 자본량이 국민소득의 6배(600%) 수준이라는 뜻이다.

자본주의 제1기본법칙과 제2기본법칙은 초등교육 이상을 받은 사람이라면 이해할 수 있는 아주 간단한 수식으로, 피케티의 주장을 간단명료하게 설명해준다.

피케티는 프랑스의 오래된 각종 통계에서 아주 흥미로운 경향을 발견하고는 다른 나라는 어떨까 하는 의문을 품었고, 그래서 독일, 영국, 스웨덴, 미국 등 여러 선진국의 자료를 살펴본다. 그런데 거기서 놀랍게도 아주 비슷한 경향을 발견한다. 그래서 『21세기 자본』이라는 책이 세상에 나오게 된 것이다. 피케티가 발견한 그 유사한 경향에 대해 한번 살펴보자. 먼저 독일, 프랑스, 영국 세 나라의 자본/소득 비율, β값이다.

〈도표 1〉은 피케티가 정리한 1870년부터 2010년까지 유럽 세 나라의 자본/소득 비율, 일명 피케티 비율을 보여준다. 우리는 앞에서 β가 6이라고 가정했는데, 실제 β가 100년 전에 6~7(600~700%) 정도 되었다는 사실을 알 수 있다. 19세기 말에는 세 나라 모두 피케티 비율이 6~7 정도였고, 이는 각국의 자본이 국민소득의 6~7배나 되었다는 뜻이다. 다른 말로 하면 자본이 대단히 풍부했다는 뜻인데, 이 값은 20세기에 들어 현격하게 떨어진다. 한때는 2, 3 정도까지 떨어졌다가 그 뒤 다시 올라가고 있다. 하락에서 상승으로 방향을 튼 것은 1980년이 고비였는데, 이때 이후로 β는 급격히 올라가서 지금은 상당히 높아진 상태다. 이런 사실은 피케티가 여러 나라의 통계를 조사해서 드러내기 전에는 아무도 몰랐고, 어느 누구도 이런 현상에 주목하지 않았다. 어떤 경제학자도 지난 100년 동안 이런 변화가 있었다는 것을 알지 못했다. 여기서 피케티가 크게 기여

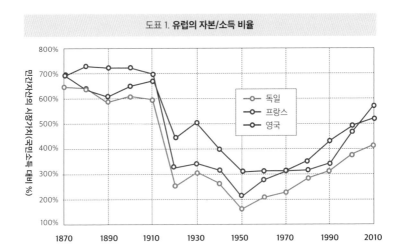

도표 1. 유럽의 자본/소득 비율

민간자산의 시장가치(국민소득 대비 %)

- 독일
- 프랑스
- 영국

출처 : piketty.pse.ens.fr/capital21c

한 바를 찾을 수 있다. 피케티는 자본/소득 비율(β)의 장기 추세를 밝혔을 뿐 아니라 앞으로 이 값이 계속 상승할 것이라고 예측해서 우리를 놀라게 한다.

그러면 자본/소득 비율(β)이 계속 올라가면 어떻게 될까. 다시 위로 거슬러 올라가 자본주의 제1기본법칙을 보자. 일단 자본수익률(r)은 어느 시대, 어느 나라나 대체로 5퍼센트로 보면 된다고 피케티는 가정한다. 자본수익률이 일정할 때, 자본/소득 비율(β)이 계속 올라가면 국민소득에서 자본이 차지하는 몫(α)은 당연히 올라가게 된다. 그것은 무엇을 의미하는가. 국민소득 중에 자본소득이 차지하는 비율이 점점 높아진다는 것은, 다른 말로 하면 노동소득의 몫

피케티 신드롬! 돈이 돈을 번다   23

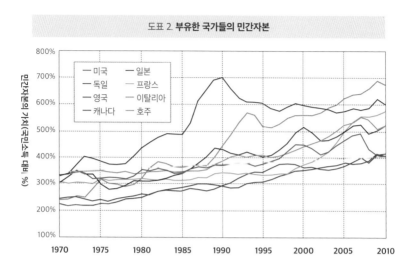

도표 2. 부유한 국가들의 민간자본

미국 | 일본
독일 | 프랑스
영국 | 이탈리아
캐나다 | 호주

민간자본의 가치(국민소득 대비, %)

출처 : piketty.pse.ens.fr/capital21c

이 감소한다는 뜻이다. 자본소득을 버는 사람들은—물론 예외도 있지만—상대적으로 부자들이기 때문에 부익부 빈익빈이 된다는 뜻이다. 그래서 불평등이 심해진다. 자본주의의 미래에 대한 피케티의 우울한 예측은 여기에 바탕을 두고 있다. 자본/소득 비율(β)이 증가하고 있고, 따라서 국민소득에서 자본이 차지하는 몫(α)도 계속 상승하는 추세가 1970년 이후에 나타나고 있음을 피케티가 발견한 것이다.

자본/소득 비율(β)이 높았을 때 불평등이 심했고, 낮았을 때 국민소득에서 자본이 차지하는 몫(α)도 낮아지고 불평등도 완화되었다고 피케티는 말한다. 그런데 다시 불평등이 심해지고 있고 앞으로

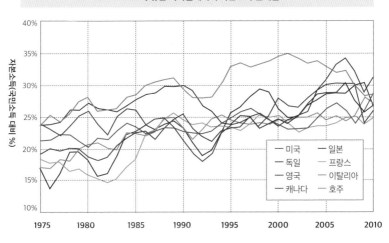

도표 3. 부유한 국가들에서의 자본소득 분배율

(세로축) 자본소득/국민소득 비율 (%)

범례: 미국 / 일본 / 독일 / 프랑스 / 영국 / 이탈리아 / 캐나다 / 호주

출처 : piketty.pse.ens.fr/capital21c

남은 21세기 동안 계속 심화될 것이라고 예언한다. 그래서 그는 실제로 여러 나라의 자본의 크기를 조사했다. 그 결과, 〈도표 2〉에서 보듯이 선진국 또는 부국들의 자본이 지난 40년간 계속 올라가는 추세를 보여주고 있다.

여기서 또 하나의 도표를 살펴보도록 하자. 〈도표 3〉은 1970년대 이후 부유한 국가들의 자본소득 비중(α)을 보여준다. 자본주의 제1기본법칙을 다시 한번 떠올려보자. 'α는 r 곱하기 β', '자본/소득 비율(β)이 높아지면 국민소득에서 자본이 차지하는 몫(α)도 높아진다'라고 앞서 이야기했다. 실제로 국민소득에서 자본이 차지하는 몫(α)을 조사해보았더니 6개 선진국에서 일제히 올라가는 추세를 보이고 있다. 1975년에는 국민소득에서 자본이 차지하는 몫(α)이 대체로 20퍼센트 정도였는데, 이 값은 지난 40년 동안 계속 올라가서 이제는 30퍼센트 정도를 차지한다. 다른 말로 하면 노동소득은 같은 기간에 80퍼센트에서 70퍼센트로 줄어들었다는 것을 알 수 있다. 이것은 부익부 빈익빈, 불평등이 그만큼 심화되었다는 말이다.

4
—
불평등의
심화
◎

이제 실제로 불평등이 심해졌는지 살펴보자. 〈도표 4〉는 미국, 영국, 캐나다, 호주, 소위 영미형 자본주의 국가들의 소득 불평등을 보여주는 자료다.

이 도표를 통해 영미형 국가의 불평등이 대체로 20세기 초에 굉장히 높았고, 이후 낮아졌다가 1980년 이후 다시 불평등이 심화되고 있음을 발견할 수 있다. 그러니까 피케티의 말이 맞다는 것이 증명된 것이다. 그리고 100년간의 변화를 나타내는 이 그래프의 모양은 크게 보면 U자형이다. 이것은 앞에서 소개한 19세기 말 600~700퍼센트로 높았던 유럽의 자본/소득 비율이 점점 낮아지다가 1970년대 이후부터 다시 높아진다는 그래프의 모양과 놀랍도록 비슷하다. 그러니까 자본/소득 비율(β)에서 큰 U자형 변화가 있었으며, 이에 따라 소득 불평등도 큰 U자형으로 요동치고 있음을 보여준다. 피케티의 이런 발견은 대단히 놀라운 것이다.

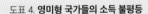

도표 4. **영미형 국가들의 소득 불평등**

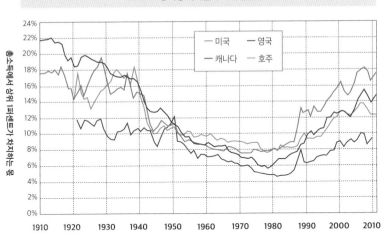

출처: piketty.pse.ens.fr/capital21c

여러 나라 사이에 이런 유사성이 있다는 것을 그전에는 아무도 몰
랐기 때문이다.

　피케티는 이제 영미형 국가뿐만 아니라 유럽의 자본주의 국가들
까지 그 조사 범위를 넓힌다. 〈도표 5〉에서 보듯이 피케티는 유럽
과 일본의 경우에도 소득 불평등의 U자형 변동이 나타난다는 것을
밝힌다. 다만 이 U자는 영미형에 비해 그 기울기가 좀 완만하다. 즉,
불평등이 커지고 있지만 영미형 국가들만큼 급격히 커지는 것은 아
니다.

　영미형 국가에서 불평등이 아주 급격하게 떨어졌다가 다시 급격
하게 올라가는 데 비해 유럽과 일본은 조금 완만한 변동을 보이는

도표 5. 유럽 국가들과 일본의 소득 불평등

출처 : piketty.pse.ens.fr/capital21c

도표 6. 신흥경제국의 소득 불평등

출처 : piketty.pse.ens.fr/capital21c

데, 그림이 U자 형태인 것은 마찬가지다. 그럼 다른 나라들, 좀 더 가난한 나라들은 어떨까. 그는 다시 인도, 아르헨티나, 중국 등 6개 나라의 통계를 조사했다. 그 결과 이 나라들 역시 놀랍게도 유사한 U자 형태를 보인다. 그래서 이런 형태는 한두 나라에게만 해당되는 것이 아니라 전 세계적인 현상이라는 사실을 밝혀냈다.

이전에는 시도되지 않았던 방식으로 이런 현상을 처음 발견해낸 피케티의 업적은 대단한 것이다. 세계의 많은 경제학자들이 대체로 자기 나라의 경제에 대해 연구할 뿐 이웃 나라의 자료와 통계까지 들춰보는 경우는 많지 않다. 피케티는 미국 MIT에서 경제학을 가르치다 프랑스로 돌아가 자기 나라의 200년 이상 된 장기 통계와 세금 자료를 들여다보기 시작했고, 그러다 이런 놀라운 경향을 발견했다. 그리고 거기서 멈추지 않고 유럽의 다른 나라들과 미국, 일본 등의 사례를 들여다보고 비슷한 현상들을 발견해냈다. 또한 가난한 나라들조차 같은 U자형 변화를 보인다는 것을 밝혀냈다. 이는 위대한 발견이라고 할 수 있다. 이런 공통점은 앞으로 불평등이 점점 심화할 것이라는 피케티의 우울한 예언이 설득력을 갖는 근거이기도 하다. 그래서 전 세계가 피케티를 주목하고 피케티의 말을 경청하게 된 것이다.

이상으로 피케티의 『21세기 자본』을 요약해보았다. 한 번 더 간추려 이야기하자면 피케티의 주장은 이렇다. 지난 100년간 불평등의 양상은 U자 형태를 보인다. 이는, 자본/소득 비율(β)이라는 것이 굉장히 중요한데, 이 자본/소득 비율(β)이 U자형을 보이면서 변동해왔기 때문이다. 그렇게 되니 국민소득에서 자본이 차지하는 몫(α)도 비슷한 움직임을 보였다. 전 세계적으로 불평등의 양상은 비슷한 U자형을 보인다. 그리고 앞으로 21세기 내내 불평등 심화 경향은 계속될 것이다. 그렇게 되면서 21세기는 우울하게도 20세기와는 다른 '세습자본주의' 시대가 올 것이다. 19세기에 있었던 나쁜 성질의 자본주의 형태, 세습자본주의 시대가 다시 온다는 우울한 이야기를 피케티는 하고 있다.

20세기에는 가난한 사람도 희망을 품고 열심히 노력하면 가난에서 벗어날 수 있다는 희망이 있었다. 실력주의meritocracy는 20세기의 주된 사상이었고, 당시 사람들에게 희망을 주었다. 그런데 피케티는 이제 21세기에는 세습자본주의가 올 것이라고 전망한다. 아버지의 부가 자식으로, 그리고 그 자식으로 세습되는 사회로 갈 것이라는 우울한 전망이다. 인간의 노력이 아니라 돈이 지배하는 세상이 온다는 이야기다. 다음 장에서는 이처럼 놀라운 발견과 우울한 전망을 내놓아 세상 사람들에게 충격을 안겨준 피케티가 이 문제에 대해 어떤 처방을 내리는지 살펴보자.

02

대공황, 뉴딜 그리고 황금시대

피케티의 절친한 동료인 미국 캘리포니아주립대학교(버클리)의 경제학 교수 이매뉴얼 사에즈Emmanuel Saez는 지난 100년간 미국의 불평등에 관한 연구를 진행했다. 사에즈는 이 연구로 45세 미만의 젊은 경제학자들 중 제일 뛰어난 연구 업적을 올린 학자에게 주는 존 베이츠 클라크 메달을 수상했다.* 이 메달은 미국 경제학회에서 주는 가장 큰 상으로, 2년에 한 명에게만 상을 주기 때문에 매년 그리고 한 번에 여러 명이 받는 노벨상보다 더 수상하기 어려운 상이라고 할 수 있다. 대체로 젊어서 이 메달을 수상한 사람이 나이가 들어 노벨경제학상을 받은 경우가 많다. 앞 장에서 본 MIT 경제학과의 폴 새뮤얼슨, 로버트 솔로가 그랬다. 그래서 많은 사람들이 피케티와 사에즈가 불평등 연구에 기여한 공로로 언젠가는 노벨경제학상을 공동 수상하지 않을까 예상하고 있다.

지난 100년간 미국의 불평등을 보여주는 〈도표 7〉의 그래프는 미국의 부유한 상위 10퍼센트가 가져가는 소득의 몫을 나타낸다.

아주 평등한 나라가 있다면 상위 10퍼센트가 소득의 10퍼센트를 차지하겠지만, 그런 나라는 있을 수 없다. 상위 10퍼센트가 100년 전에 40퍼센트 정도를 가져가고 있었다. 이것만 해도 불평등이 상당히 심한데, 1920년대가 되자 이 비율이 가파르게 올라가더니 급기야 50퍼센트까지 올라간다. 즉 상위 10퍼센트가 국민소득의 절반을 가져갔고, 나머지 절반을 국민의 90퍼센트가 가져갔다는 뜻이다. 이 비율은 1929년에 50퍼센트 정점에 도달한 뒤 급격히 하락해서 1940년대 이후에는 33퍼센트로 떨어졌다. 그렇게 해서 대략 40년간 33퍼센트 수준을 유지하다가 1980년부터 다시 올라가기 시작했다. 이렇게 계속 올라가는 추세에 있고 최근, 2008년에 다시 50퍼센트에 도달했다.

크게 보면 그래프는 U자 형태다. 이것은 1장에서 설명한 대로 피케티가 발견한 사실 중 여러 나라에서 지난 100년간 불평등이 U자

존 베이츠 클라크
John Bates Clark
(1847~1938)

* 클라크는 19세기 후반에 활동한 미국 경제학자다. 당시 경제학의 중심은 단연 영국이었고, 미국은 변방에 불과했다. 클라크는 한계생산력설을 주장했는데, 이 이론은 노동, 자본 등 각 생산요소는 마지막 한 단위의 기여, 즉 한계생산성만큼 보상을 받는다는 내용이다. 임금이 낮은 것은 노동의 한계생산성이 낮기 때문이라고 설명한다. 그래서 이 이론은 현실의 불평등을 교묘히 합리화한다는 비난을 받는다. 클라크는 젊었을 때는 꽤 진보적이었으나 시간이 흐를수록 보수화했고, 자본주의 체제의 충실한 옹호자로서 생애를 마쳤다.

출처 : piketty.pse.ens.fr/capital21c

형의 모양을 보인다는 것이다. 불평등이 심하다 점점 줄어들었다 다시 심해지고 있다. 미국도 전형적으로 그런 U자형을 보이고 있는 것이다. 그런데 여기서 제일 먼저 주목해야 할 것은 1920년대에 왜 그렇게 올라갔느냐 하는 것과 그 후에 왜 그렇게 급격히 떨어졌느냐 하는 것이다. 급격하게 떨어지고 난 뒤로는 3분의 1 수준을 40년 정도 유지한다. 이 시기를 자본주의의 황금시대The Golden Age of Capitalism라고 부른다.

이때를 자본주의 황금시대라고 부르는 이유는 다음 세 가지다.

첫째로 분배가 가장 평등했고, 둘째로 경제성장이 가장 높았고, 셋째로는 고용이 완전고용이었다. 한 나라의 국민경제를 평가할 때 보는 성적표의 주요 과목 세 개가 있다면 성장, 고용, 분배일 것이다. 세 과목에서 모두 최고 성적을 올린 것이 이 40년의 시기였다. 분배, 고용, 성장이 모두 잘 이루어졌던 이때를 황금시대라고 부른다. 이런 현상은 미국에서만 일어난 게 아니고, 비슷한 시기에 주요 자본주의국가에서 공통적으로 일어난 현상이다. 이 시기에 프랑스에서는 '영광의 30년'이 있었고, 독일에서는 '라인강의 기적'이 일어났고, 일본에서는 '소득 배증'(소득이 2배가 되었다는 뜻)이 있었다. 우리나라의 '한강의 기적'도 바로 이 시기에 일어났으니 세계 자본주의의 장기 추세에서 예외가 아니다. 그러나 자본주의 황금시대라 불리는 세계 자본주의의 장기 호황은 1980년에 이르러 끝났다. 1980년을 고비로 불평등이 다시 심해지고 성장률은 떨어지고 고용은 나빠지게 되었다.

1980년 이후 불평등이 심화되는데, 그해 연말 대선에서 승리한 사람이 로널드 레이건이었다. 그보다 한 해 전에 영국에서는 마거릿 대처가 총리가 되었다. 대처와 레이건이 대서양을 가운데 두고 중요한 두 나라의 수장을 맡으면서 마치 오누이처럼 사이 좋게 그 전의 경제정책을 180도 바꾸고 시장만능주의 정책을 밀어부친 결과 불평등이 커지기 시작했다. 이 두 사람이 추진한 정책은 판박이처럼 닮았는데, 그 내용은 작은 정부, 감세, 규제 완화, 친기업, 반노조였다. 이런 정책 기조가 불평등을 심화시킨다는 것은 불문가지, 당연히 불평등은 확대일로를 걸었다. 자본주의 황금시대가 종말을 고한 뒤 세계경제는 대단히 혼란한 모습을 보이고 있다. 불평등과 양극화가 심화되고 저성장의 모습을 보이게 된다. 왜 이렇게 불평등이 심해졌는지 살펴보기 위해 우리는 타임머신을 타고 1920년대로 가보자.

1 ─ 1920년대 미국, 광란의 시대 ◎

1918년 제1차 세계대전이 끝나고 1929년 대공황을 맞기까지 미국은 엄청난 부를 누리게 되는데, 이 시기를 '광란의 20년대The Roaring Twenties'라고 부른다. 1920년대 미국은 매우 독특한 시기여서 여러 가지 별명을 가지고 있다. 이 시대는 재즈의 시대였고, 금주법의 시대(따라서 밀주의 시대), 대량생산의 시대였다. 대중문화가 폭발적으로 발전했고 재즈를 중심으로 할렘문화가 유행하기도 했다. 소설가 피츠제럴드F. Scott Fitzgerald는 이 시기를 '재즈의 시대The Jazz Age'라고 불렀는데, 제1차 세계대전 후 물질만능주의에 빠진 '잃어버린 세대Lost Generation'의 욕망과 환멸을 다룬 소설이 그의 유명한 『위대한 개츠비』다. 또한 이 시대는 금주법(1919~1933)이 시행되는 등 기독교 근본주의가 강세를 띤 시대였는데, 사실 금주법은 예상되듯이 큰 효과를 거두지 못했고, 많은 부작용을 낳은 끝에 결국 폐지되었다. 금주법의 최대 수혜자는 의외로 시카고의 조직폭력배 두목 알 카포네^Al Capone였을 것이다. 그는 금주법을 이용해 밀주 판매로 막대한 부를 축적할 수 있었다.

동시에 이 시기는 대량생산, 대량소비의 문을 열어젖힌 새로운 시대였다. 자동차 왕 포드는 컨베이어 벨트를 이용한 대량생산 체제를 도입하여 16초에 1대라는 경이적인 속도로 자동차를 생산했으며, 자동차를 팔기 위해서는 대중의 구매력이 필요하다는 이유로 포드사 노동자의 임금을 동종업체 평균의 두 배로 대폭 인상해서 화제를 모으기도 했다. 이것이 소위 포드주의^Fordism의 등장이다. 동시에 이 시기는 부동산과 주식 투기가 심했던 시기이기도 하다. 플로리다주로 들어가는 길목에는 일확천금을 누릴 수 있는 각종 부동산 광고판이 길 양쪽을 가득 메우고 있었다. 주가는 천정부지로 오르다 1929년 10월 이른바 '검은 목요일'에 폭락하기 시작해 대공황의 시작을 알리는 신호탄이 되었다.

위대한 개츠비 *The Great Gatsby*

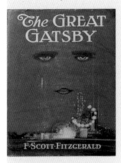

『위대한 개츠비』 초판본

20세기 미국 작가 스콧 피츠제럴드가 1925년 발표한 소설이다. 미국 중서부 노스다코타주의 빈농의 아들로 태어난 개츠비는 일찍이 입신하여 출세할 꿈을 꾼다. 제1차 세계대전 때 육군장교가 된 그는 상류층이었던 데이지와 사랑을 나누게 되는데, 그가 전쟁터로 떠나자 데이지는 부유한 남자와 결혼한다. 전선에서 돌아온 개츠비는 '금주령' 상황에서 밀주판매업으로 거부가 되었다. 그는 이미 남의 아내가 된 데이지를 좇아 뉴욕의 롱아일랜드에 대저택을 마련한다. 개츠비는 데이지를 만나기 위해 연일 성대한 파티를 열어 손님들을 모으고, 드디어 데이지와 재회하는 데 성공한다. 개츠비는 데이지의 마음을 끌어 새로운 인생을 시작하려는 희망에 부풀어 있었으나 상류층의 습성에 젖은 그녀의 이기주의 때문에 결국 버림받고, 엉뚱한 사람의 총에 맞아 죽는 비극으로 소설은 끝난다.

1920년대의 금권주의 미국을 배경으로 황폐한 물질문명 속에서 '아메리칸드림'의 허상을 고발한 20세기 미국의 대표 소설이다. 이 소설은 여러 차례 영화화되었는데, 주인공 개츠비 역은 유명한 서부 영화 〈셰인〉(나는 이 영화를 특별히 좋아해서 네 번이나 봤다)의 주인공이었던 앨런 래드, 로버트 레드포드 등 비중 있는 배우들이 맡았다.

2012년 미국 대통령 경제자문위원장을 맡고 있던 앨런 크루거가 명명한 '위대한 개츠비 곡선The Great Catsby Curve'은 소득 불평등과 세대 간 비이동성(세대 간 소득탄력성) 사이의 관계를 보여준다. 남미와 같이 불평등이 높은 나라는 세대 간 사회이동성이 낮고(아버지와 지식 사이의 소득탄력성이 높다), 북유럽처럼 불평등이 낮은 나라는 세대 간 사회이동성이 높은데(아버지와 자식 사이의 소득탄력성이 낮다), 이런 관계를 보여주는 곡선을 '위대한 개츠비 곡선'이라고 부른다. 개츠비가 빈농의 자식에서 출발해 부자로 올라간 예외적 경우를 대표하므로 이렇게 이름 붙인 것으로 보인다.

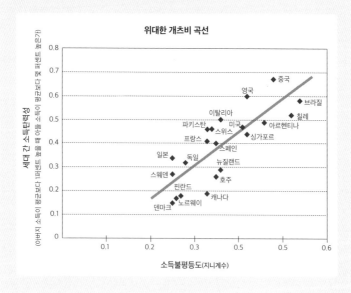

위대한 개츠비 곡선

'광란의 20년대'에 집권했던 대통령은 공화당 출신의 하딩Warren G. Harding, 쿨리지Calvin Coolidge, 후버Herbert C. Hoover 3명이었다. 하딩은 미국 역사상 가장 무능한 대통령으로 알려져 있다. 기자들이 어떤 문제에 대해 질문하든 그의 대답은 똑같았는데, 그것은 "저는 그 문제에 대해 아는 것이 전혀 없습니다"였다. 그는 고향 친구들을 백악관으로 불러 카드놀이하는 것을 낙으로 삼다가 임기를 마치지 못하고 3년 만에 사망해서 부통령이던 쿨리지가 대통령직을 승계했다. 쿨리지와 후버는 주가지수가 엄청나게 상승하자 경제 호황기를 맞았다고 큰소리를 쳤으나 결국 경제를 망치고 대공황을 일으켰다는 오명을 남겼다.

그런데 이들과 함께 경제정책을 주도한 재무장관은 앤드루 멜런Andrew W. Mellon 오직 한 사람이었다. 대통령 3명이 직위한 12년 동안 혼자서 재무장관직을 계속 수행한 것이다. 이것은 어느 시대, 어느 나라에서도 보기 드문 이례적인 일이다. 더구나 멜런은 극렬한 반공주의자이면서 유명한 재벌이었다. 철강왕 카네기와 멜런가가 함께 투자해 만든 대학이 카네기-멜런 대학이다. 재벌 총수가 재무장관직을 12년 동안 맡는 것은 지금으로서는 있을 수 없는 일이다. 당연한 일이겠지만 멜런은 부자와 대기업에게 유리한 정책만 폈다. 작은 정부를 표방하면서 부자에게 감세하고, 기업과 금융에 대한 각종 규제를 완화하고, 친기업 반노조 정책으로 일관했다.

결과는 볼 것도 없이 뻔하다. 앞에서 도표를 통해 본 바와 같이 미국 상위 10퍼센트가 국민소득에서 차지하는 몫이 1920년대 초반에는 40퍼센트 정도였는데 1929년에는 50퍼센트까지 치솟아 전체 소득의 절반을 차지하는 일이 일어난 것이다. 이는 불평등이 그만큼 심해졌다는 뜻으로, 결국 1929년에 그에 따른 모순이 폭발해 주가가 폭락하고 은행은 부도가 나고 기업들은 파산하게 된다. 자본의 집중화가 강화되고 양극화가 심해질 대로 심해진 결과는 대공황이었다. 대공황이 발생함에 따라 실업자가 거리에 넘치고 많은 사람이 굶어 죽는 참상이 벌어졌다.

1929년 대공황의 원인에 대해서는 여러 가지 학설이 존재한다. 그중 버클리대학의 경제학자 이매뉴얼 사에즈의 진단은 간단명료하다. 소득 불평등 때문이라는 것이다. 불평등이 심화되면서 서민과 중산층의 소득은 감소하는데 자동차나 가전제품 등의 생산은 늘어 상품 재고가 창고에 쌓였고, 수요와 공급의 불일치가 나타날 수밖에 없었다. 상품이 팔리지 않으니 기업들은 생산을 줄이고 구조조정을 하고 노동자들을 해고했다. 결국 소득 불평등과 양극화의 심화 때문에 대공황이 발생했다고 설명하는데, 상당히 설득력이 있다.

1929년을 정점으로 이후부터는 불평등이 완화되기 시작하는데, 거기에 결정적인 역할을 한 것이 뉴딜New Deal이다. 한국 정부도 코로나19 이후 사회구조 변화에 발맞춰 침체된 경제 상황을 극복하기 위한 대책으로 '한국형 뉴딜'을 들고 나와 뉴딜은 새롭게 주목받고 있다. 뉴딜은 루즈벨트Franklin D. Roosevelt 행정부가 대공황을 극복하기 위해 추진한 경제 개혁 정책이었다. 이 뉴딜 정책으로 위기를 극복했다고 할 수 있는데, 물론 당시 경제 회복에는 제2차 세계대전의 영향도 컸다. 전비 지출로 정부의 재정 지출이 증가하면서 경기가 좋아지고 경제가 살아났다. 하지만 정책적으로 뉴딜이 기여한 바 역시 컸다고 할 수 있다.

2 — 뉴딜의 교훈

뉴딜에 대해 많은 사람들이 공공사업이나 대형 개발 공사를 벌여 일자리를 마련하고, 그로 인해 공황을 극복했다고 생각한다. 틀린 말은 아니지만 그것이 전부가 아니다. 그것은 1차 뉴딜(1933~1935)에 해당되는 이야기다. 더 주목해서 살펴봐야 할 것이 1935년부터 1938년까지 추진된 2차 뉴딜이다. 2차 뉴딜의 본질은 일자리나 공공사업이 아니라 개혁이다. 2차 뉴딜은 규제의 제도화, 복지의 제도화, 이 두 가지 핵심 단어로 요약할 수 있다(자세한 내용은 박경로, 「공정경쟁과 복지의 제도화 : 미국의 경우」, 『황해문화』 2012년 가을호 참조).

금융 시스템에서는 은행법(1933, 1935)과 증권법(1933), 증권거래법(1934), 공익산업지주회사법(1935), 세법 개정(1935, 1936)을 통한 기업 간 배당에 대한 이중과세, 증권 발행 시장에서 투자은행의 경쟁 입찰제가 도입됐다. 1935년에는 증권감독위원회가 신설되었다. 이를 통해 은행 산업의 복잡한 조직 구조가 단순한 지주회사 구조로 전환되었고, 은행업과 증권업이 분리되었다. 또한 금융과 산업의 분리가 강화되었으며, 많게는 수백 개의 회사를 계열화하는 수단이 되었던 복잡한 피라미드식 소유 구조가 해체되었다. 요컨대 '미국식 재벌 체제'를 해체한 것이다.

복지에 대해 보자면 미국은 유럽에 비해 복지국가로서 출발이 한참 늦은 나라다. 대체로 복지국가의 탄생을 1880년대 독일의 철혈재상 비스마르크Otto von Bismarck가 사회보험을 도입한 데서 찾는다. 비스마르크는 1889년대에 세계 최초로 사회보험(의료, 산재, 연금)을 도입했다. '사회주의 탄압법'을 제정해서 노조와 사회주의자들을 무자비하게 때려잡던 비스마르크가 다른 한편 이런 온정적 정책을 편 것은 의외지만 그 나름대로는 계산이 있었다. 그는 노동자들이 안락한 노후가 보장되면 더 이상 과격한 노동운동에 나서지 않을 것으로 보았다. 말하자면 '채찍과 당근' 정책이었다. 이웃 나라들이 신속히 비스마르크의 새 제도를 따라갔다. 가장 늦은 사회보험인 실업보험도 20세기 초에는 도입됐다. 그리하여 유럽에서는 20세기 초에 이미 4대 사회보험을 바탕으로 하는 복지국가가 성립하게 되었다.

그에 반해 미국은 사회보험 도입 쪽으로 한 발짝도 나가지 않아 복지국가 출발도 늦어졌다. 미국은 허버트 스펜서Herbert Spencer가 주창한 사회진화론Social Darwinism을 신봉하여 국가가 사회적 약자를 도와주면 오히려 사회 진보에 방해가 된다는 터무니없는 이유로 복지제도 도입을 거부했다. 그 대신 시장에 대한 국가 개입을 최소화하고 모든 걸 시장의 경쟁에 맡기는 자유지상주의, 시장만능주의에 깊이 경도돼 있었다. 사회진화론이란 다윈이 자연 현상에서 발견한 적자생존의 원리를 사회 현상에 확대 적용한 것인데, 19세기 말 20세기 초 구미에서 꽤 위력을 발휘했다. 이 사상은 약자에 대한 동정이라고는 눈을 씻고도 찾아볼 수 없는 냉혹하고 비정한 사상이었다. 그러나 유럽과 다른 길을 갔던 미국도 반세기 뒤 1930년대에 대공황이 닥쳐 실업자가 넘치고 체제가 흔들릴 정도의 위기가 오자 더 이상 버티지 못하고 각종 복지정책과 노동정책을 뒤늦게 도입하기 시작했다. 유럽에 비하면 반세기 지각이었다. 그래서 미국을 '지각 복지국가'라고 부른다.

이 시기 도입된 복지제도로는 4대 사회보험과 더불어 부양 자녀를 지원하는 AFDC^{Aid to Families with Dependent Children}라는 공공부조 제도가 있다. 다른 나라들이 이미 오래전 도입했던 최저임금제도도 미국에서는 이 시기에 처음 도입되었다. 노동조합을 기업 경영의 파트너로 인정하고 노사 대등한 교섭을 인정한 전국노사관계법도 이 시기에 처음 통과되었다. 그래서 새로 시작한 노사 관계를 뉴딜적 노사 관계라고 부른다. 규제의 제도화는 그동안 대기업과 금융회사들이 반칙을 하고 횡포를 부려도 수수방관했지만, 이제는 더 이상 방치하지 않고 규제를 하겠다는 것이다. 그리고 복지의 제도화는 가난한 사람과 실업자를 과거에는 본척만척했지만 이제는 방치하지 않고 국가가 도와주겠다는 것이다. 그래서 이 두 가지를 합치면 억강부약抑强扶弱, 즉 강자는 억제하고 약자는 도와준다는 뜻이다. 이것이 뉴딜의 핵심이다.

루즈벨트와 오바마Barack Obama 대통령은 공통점과 차이점이 있다. 루즈벨트는 최고 10퍼센트의 소득 몫이 50퍼센트가 될 정도로 불평등이 극심했을 때, 사람들이 살기 어렵고 큰 위기가 닥쳤을 때 대통령에 당선되었다. 1932년 대통령 선거에서 내세운 구호가 '체인지Change'였다. 이대로는 못 살겠다는 사회 밑바닥의 민심을 대변한 구호였다. 우리나라에서 1956년 정·부통령 선거에서 야당인 민주당이 내세운 구호가 "못 살겠다 갈아보자"였는데, 자유당 8년 집권이 빚은 독선, 반칙, 불평등 때문에 광범위한 민심 이반이 있었던 상황과 비슷하다. 시간이 흘러 2008년 대선이 있던 해에 미국 상위 10퍼센트가 전체 소득의 50퍼센트를 차지하는 상황이 다시 벌어졌다. 그것은 레이건, 부시 그리고 아들 부시로 이어지는 공화당 정권이 추진한 부자, 대기업 중심 정책이 빚은 결과였다. 이들이 추진한 정책은 1920년대 공화당 정권이 추진했던 정책의 복사판처럼 닮았고, 불평등은 계속 치솟았다. 이때 등장한 민주당 대통령 후보가 버락 오바마였다. 오바마의 선거 구호 역시 '체인지'였다. 그리고 루즈벨트와 오바마, 두 사람은 하버드대학을 졸업했다는 공통점도 가지고 있다. 하버드대학은 상당히 개혁적이고 진보적인 학풍을 가지고 있다.

루즈벨트는 대통령에 당선되고 난 뒤 변화를 시도했고, 실제로 변화를 가져왔다. 뉴딜 정책으로 세상을 크게 바꾸었다. 오바마 역시 변화를 구호로 내세웠지만 집권 후 8년 동안—일명 '오바마 케어Obama care'라고 해서 의료보험을 확대시킨 것을 제외하고는—변화시킨 게 별로 없다. 물론 오바마 정권 때는 여소야대 의회에서 공화당이 사사건건 발목을 잡는 바람에 민주당 대통령이 개혁을 해내기가 어려운 상황이었지만 그래도 오바마는 개혁하려는 노력조차 별로 보이지 않았다. 8년 동안 경제적 불평등은 최악의 상태를 지속했기 때문에 서민들은 살기 어려웠다. 그 결과 2016년 대선에서 트럼프가 승리하는 이변이 일어났다. 이변이 일어난 근본 이유는 오바마 정권 8년간의 좌고우면과 실정 때문이었다.* 루즈벨트와 오바마의 차이가 여기에 있다. 많은 전문가들은 2016년 대선에서 만일 힐러리 대신 버니 샌더스가 민주당 후보가 되었더라면 트럼프를 쉽게 이겼을 것으로 본다. 그러나 역사는 그렇게 흐르지 않았다.

---

* 2016년 대선 직후 오바마는 "힐러리 후보가 선거 기간 중 위스콘신주를 한 번도 방문하지 않은 것이 패인"이라고 말했는데 사돈 남 말 하는 격이다. 실제 힐러리는 선거 막바지에 위스콘신, 미시간, 펜실베이니아, 소위 '녹슨 벨트'(Rust Belt, 미국 북동부 공업 지역)를 너무 바빠서 방문하지 못했고, 3개 주에서 모두 졌다. 이 지역은 블루칼라 노동자 밀집 지역이라 전통적으로 민주당 강세 지역인데, 이들이 오바마의 실정에 대한 집단적 반감을 투표로 표시한 것이다. 2020년 대선에서 3개 주는 모두 바이든 후보가 이겨 대선 승리의 원동력이 되었다. 트럼프에 대한 실망이 오바마 때보다 더 컸기 때문이다.

요약하면, 뉴딜이 주는 교훈은 두 가지다. 하나는 규제를 제도화해서 대기업과 금융기관의 횡포를 막았다는 것이 중요한데, 다른 말로 하면 경제민주주의를 강화했다고 할 수 있다. 또 다른 하나는 복지를 제도화해서 사회적 약자를 돕기 시작했고, 그래서 복지국가의 길을 처음으로 걷기 시작했다는 것이다. 즉, 뉴딜은 억강부약이다. 유럽이 복지국가로 들어선 것은 1880년대 비스마르크의 사회보험 도입이 계기가 되었으며, 보수파가 복지국가의 문을 열었다는 사실은 우리에게 시사하는 바가 크다. 미국은 유럽의 복지국가를 외면하고 시장만능주의로 흘러갔으나 반세기 뒤 결국 뉴딜을 통해 복지국가 궤도에 합류했다.

3 — 노동을 중시한 대통령

역대 미국 대통령들 가운데 노동을 중시했던 대통령을 꼽으라면 두 사람을 들 수 있다. 그중 한 명이 링컨Abraham Lincoln이다. 그는 "노동은 자본에 선행하며 독립적이다. 자본은 노동의 아들이며, 노동 없이는 애당초 존재하지조차 않을 것이다. 노동은 자본보다 우위이며, 더 우대받을 자격이 있다"고 말한 바 있다. 매우 진보적이고 친노동적인 발언이다. 우리나라에도 소위 진보적이라고 불리는 대통령들이 있지만, 이렇게 명확하게 노동을 우대하는 발언을 한 대통령은 아직 없다. 다른 한 명은 루즈벨트다. 그는 미국 역사에 전무후무한 4선 대통령이다. 4년 임기니까 총 16년을 집권했어야 했지만, 4선에 성공하고 난 뒤 한 달 만에 갑자기 사망하면서 12년 5주 동안 재임했다. 루즈벨트는 "내가 노동자라면 제일 먼저 할 일은 노조 가입이다"라는 말을 남겼다. 이렇게 친노조적인 발언을 한 대통령도 우리나라에는 아직 없다.

이런 친노동적인 대통령이 집권하면 경제에는 불리할 것이라고 생각하기 쉽다. 우리가 보통 사용하는 '경제 대통령'은 '친기업적 대통령'과 같은 뜻으로 여기고, 이들이 기업을 살리고 경제를 살리지 않을까, 이렇게 생각하기 쉽다. 하지만 역사를 보면 그렇지 않다. 아주 역설적이게도 반대의 결과를 보여준다. 소위 '경제 대통령'이라고 하는 사람들은 경제를 망쳤고, 노동을 존중한 친노동적인 대통령들이 경제를 살렸을 뿐만 아니라 여러 위대한 업적을 쌓아서 지금까지도 존경받고 있다.

미국 중서부에 위치한 사우스다코타주에 러시모어산Mount Rushmore이 있다. 미국 역대 대통령 중 위대한 대통령 4명의 얼굴을 새겨놓은 조각상으로 유명한 곳이다. 1927년부터 거즌 보글럼Gutzon Borglum이 400여 명의 조각가들과 함께 작업해 아버지와 아들, 2대에 걸쳐 완성했다고 한다. 턱에서 이마까지의 얼굴 길이가 약 20미터이니 아파트 7층 높이 정도 되는 엄청난 규모다.

이곳에 위대한 대통령 4명의 얼굴을 새겨놓았다. 맨 왼쪽에는 초대 대통령 조지 워싱턴이 있다. 그 옆에는 토마스 제퍼슨, 세 번째

러시모어산 국립기념비

는 시어도어 루즈벨트가 자리한다. 시어도어 루즈벨트는 앞에서 이야기했던 프랭클린 루즈벨트의 친척 집안이다. 역시 하버드대학을 졸업했고 '재벌 분쇄자'라는 별명을 가지고 있을 정도로 굉장히 개혁적이고 진보적인 대통령이었다. 그리고 마지막에는 링컨의 얼굴이 새겨져 있다.

2015년에 미국정치학회APSC 소속 정치학자 391명을 대상으로 설문조사를 실시했다고 한다. 러시모어산에 한 명의 얼굴을 더 새긴다면 누구를 추천하겠는가 하는 질문이었다. 그 결과 압도적인 대답이 나왔다. 응답자의 3분의 2 이상이 프랭클린 루즈벨트를 꼽았다. 나 역시 당연히 거기에 프랭클린 루즈벨트가 들어가야 한다고 생각한다.

루즈벨트와 링컨은 앞에서 말했던 것처럼 노골적으로 노동을 우대한 대통령이었다. 친노동적인 대통령은 경제를 망치는 위험한 대통령이 아닐까 하고 생각하기 쉽지만 전혀 그렇지 않다. 오히려 이들이 정치와 경제를 살리고, 여러 가지 업적을 쌓아 위대한 대통령으로 존경받고 있다. 반면 친기업적인, 소위 경제 대통령이라 불리던 사람들은 한결같이 실패했다. 모두 초라한 성적표로 역사에 오명을 남겼을 뿐이다.

<table>
<tr><td>

4
—
대통령의
성적표

◎

</td><td>

미국의 인물학자 파버 & 파버(찰스 F. 파버 & 리처드 B. 파버), 두 사람이 공저한『대통령의 성적표 *The American Presidents Ranked by Performance*』(혜안, 2003)라는 흥미로운 책이 있다. 이 책은 국내 정책, 외교, 행정, 리더십, 도덕성이라는 5개 분야에 걸

</td></tr>
</table>

처 미국 역대 대통령들의 점수를 매겨놓았다. 점수순으로 순위를 매겼는데 가장 꼭대기에 위치한 성공한 대통령 1, 2위를 차지한 사람이 바로 링컨과 루즈벨트다. 반면 실패한 대통령으로 평가할 만한 성적표를 받은 사람은 하딩, 쿨리지, 후버 등이었다. 이들은 친기업 정책을 편 대표적인 대통령들이다. 재벌 총수였던 멜런을 재무부장관에 앉히고 대기업과 금융기관에 유리한 정책만을 펼쳤다.

부자에게 감세를 해주고, 작은 정부를 지향하며 규제를 완화하고, 철저히 친기업, 반노조로 일관했다. 그 결과는 경제를 완전히 망쳤고 대공황까지 일으켰다. 양극화는 심해질 대로 심해져 걷잡을 수 없게 되었다. 그것을 치유한 것이 바로 뉴딜이다.

억강부약, 부자와 대기업들에게 세금을 많이 걷고 약자와 실업자, 가난한 사람들을 부양하는 징책을 폈더니 오히려 경제가 살아났다. 일시적으로 살아난 것이 아니라 40년간 황금시대를 열었다. 미국 역사 200년 동안 성장률 4퍼센트를 달성한 것은 이 시기밖에 없다. 고용은 완전고용에 가까웠고 분배도 가장 평등했다. 이렇게 성장, 고용, 분배의 삼박자가 잘 맞아 돌아간 시대는 이 40년밖에 없었다. 이것이 뉴딜의 위대한 점이다.

이 시기에는 미국뿐만 아니라 세계의 여러 나라가 비슷비슷한 정책을 폈다. 미국도 그렇고 독일도 그렇고, 많은 나라에서 제2차 세계대전 후 자본주의의 황금시대가 열린 것이다. 이것은 역사적으로 큰 교훈을 준다. 경제를 살린다고 하면서 친기업적 정책을 펴고 규제를 완화하고 세금을 깎아주면 경제가 살아날 것 같지만 전혀 그렇지 않다. 오히려 정반대로 강자와 대기업을 규제하고 약자를 도와주는 정책을 폈을 때 경제가 살아나고 모든 면에서 사회도 안정되고 태평성대가 열린다는 것을 알 수 있다. 이것은 역사적으로 아주 중요한, 잊어서는 안 될 교훈이다. 한국에서도 흔히 친기업 기조가 경제를 살리는 것으로 생각하는데 그렇지 않다는 것을 미국과 많은 선진국의 역사에서 배울 수 있다.

지금까지 이매뉴얼 사에즈가 연구한 100년간의 불평등 역사에서 시작해, 왜 대공황이 발생했는지, 대공황을 극복한 뉴딜이 어떤 내용이었는지 살펴보았다. 그리고 뉴딜이 짧은 기간이 아니라 전후 40년간 장기 호황과 평등하고 아주 바람직한 자본주의 체제를 가져왔다는 것까지 이야기했다.

하지만 그 뒤에 이러한 호황을 끝낸 것은 레이건과 대처의 정책이었다. 레이건과 대처의 정책은 놀랍도록 앤드루 멜런의 정책과 닮았다. 부자 감세와 규제 완화, 작은 정부, 친기업 반노조였다. 이러한 닮은꼴 정책이 60년 만에 반복되면서 다시 경제 위기가 왔다. 그로 인해 2008년에 금융 위기를 맞았고, 그렇게 해서 공화당 정권이 무너지고 오바마가 집권했다. 그런데 오바마는 불행하게도 루즈벨트의 모범 사례를 따라가지 못하고 뉴딜을 추진하지 못했다. 똑같이 '변화'라는 선거 구호로 시작했지만 루즈벨트는 그것을 해냈고, 오바마는 빈말에 그쳤다. 그래서 루즈벨트는 위대한 대통령으로 존경받는다. 반면 오바마는 전혀 변화를 가져오지 못했고, 좌고우면하다 아무 일도 못하고 8년을 허송세월했다. 그렇게 해서 나라가 위험해지고 어려워지니 중산층, 노동자들이 등을 돌려 트럼프가 당선되는 정치적 이변이 일어났던 것이다. 지난 100년 미국의 역사는 파란만장하고 흥미롭다. 거기서 우리는 소중한 역사적 교훈을 얻을 수 있다.

03

피케티의 불평등 처방

이제 피케티가 『21세기 자본』이라는 책에서 불평등이 상승하는 현상을 어떻게 진단하는지, 그리고 어떤 처방을 내리는지에 대해 중요한 이야기를 할 차례다.

1
—
과거가
미래를
잡아먹는다

불평등 상승의 원인으로 피케티는 r과 g라는 두 개의 변수에 주목한다. r과 g는 앞에서 이미 설명했지만 다시 한번 말하면, r은 자본의 수익률이고 g는 경제성장률이다. 피케티가 자본수익률을 조사해본 결과에 따르면 시대와 장소를 막론하고 대체로 5퍼센트 정도였다. 그러니까 예수가 살았던 2,000년 전에도 5퍼센트였고 지금도 비슷하다는 것이다. 어느 시대, 어느 나라에서나 대체로 4~5퍼센트 정도로 보면 된다. 경제성장률 g는 5퍼센트보다 훨씬 낮다. 어떤 나라도 연 5퍼센트 성장하기는 쉽지 않다. 그런데 이 두 가지 변수의 크기 비교가 굉장히 중요하다.

$$r(\text{자본수익률}) \rangle g(\text{경제성장률}) \rightarrow \beta(\text{자본/소득 비율}) \text{ 상승}$$

앞에서 설명한 자본주의 제1기본법칙($a = r \times \beta$)과 제2기본법칙($\beta = s/g$)을 결합해서 계산을 해보면, 자본수익률이 경제성장률보다 높으면 β(자본/소득 비율)가 상승하게 된다. 자본/소득 비율의 상승 원인을 피케티는 자본수익률이 경제성장률보다 높아지는 데서 찾고 있다. 그래서 자본수익률과 경제성장률을 중요한 변수로 본다. 피케티는 r은 자본의 수익률 또는 이자율, 금리인데, 이것은 과거를 대표하는 변수이고, 경제성장률 g는 미래를 대표하는 변수라고 말한다. 과거와 미래의 경쟁에서 과거(r)가 미래(g)를 지배하면 β가 상승하고, β가 상승하면 자본소득 비중(a)도 높아져 불평등이 커진다는 것이다.

그래서 피케티는 "과거가 미래를 잡아먹는다 The past tends to devour the future"라는 표현을 쓴다. 재미있는 문학적 표현이다. 피케티의 책에는 이런 문학적 표현이 더러 등장하고, 그는 때때로 문학 작품도 다수 인용한다. 이것은 경제학 책에서는 드문 일인데, 그의 생각과 철학을 엿볼 수 있는 부분이다. 그런데 과거가 미래를 잡아먹는다는 표현은 어디서 본 듯하지 않은가. 1516년에 출간된 토머스 모어

Thomas More의 『유토피아*Utopia*』는 지금도 널리 읽히는 고전 중의 고전인데, 이 책에 이런 말이 있다. "양이 사람을 잡아먹는다."

당시 토머스 모어는 플랑드르 지방을 여행했는데, 거기서 농민들이 농사를 짓던 땅에 울타리를 치고 그 안에서 양을 기르는 광경을 목격했다. 16세기에 모직물 산업이 발달하면서 양모에 대한 수요가 증가하고, 양모 가격이 오르자 지주들이 농경지를 갈아엎고 목장을 만들어 양을 치게 되었던 것이다. 그러자 농사를 짓던 농민들이 쫓겨나고 거기에 양들만 남게 되었다. 양이 도망가지 못하게 울타리를 쳤는데, 이를 경제사에서는 '울타리 치기 운동enclosure movement'이라고 부른다. 농토에서 쫓겨난 농민들은 살길을 찾아 도시로 이주해 빈민 지역에 살면서 임금노동자로 전락했는데, 이렇게 형성된 방대한 임금노동자 계급의 등장은 유럽 산업혁명의 중요한 기초 조건이 되었다. 보통 신대륙에서 들어온 금은보화, 고리대자본의 축적 등으로 이루어진 '자본의 본원적 축적primitive accumulation of capital'과 도시 노동자계급의 형성을 자본주의 출현의 두 가지 전제 조건으로 본다.

토머스 모어는 수 세대 동안 농촌에서 농사를 지으며 살아오던 농민들이 하루아침에 일터를 잃고 무자비하게 축출되어 도시의 영세 노동자계급으로 전락한 실태를 보고 큰 충격을 받았다. 그래서 그는 『유토피아』라는 책에서 농민들이 농지에서 쫓겨나 도시빈민으로 전락하는 상황을 "양이 사람을 잡아먹는다"라고 표현했던 것이다.

피케티는 아마도 이 유명한 역사적 표현을 빌려 "과거가 미래를 잡아먹는다"라고 말한 것으로 보인다. 토머스 모어, 토마 피케티, 우연인지 두 사람의 이름도 같다. 영국인 모어의 이름은 토머스로 발음하고 프랑스인 피케티의 이름은 토마로 발음할 뿐이다. 같은 이름을 가진 두 사상가가 500년이라는 시차를 두고 "양이 사람을 잡아먹는다", "과거가 미래를 잡아먹는다"라고 말한 것은 대단히 흥미롭다.

2
r(자본수익률)과 g(경제성장률)의 경주
◎

〈도표 8〉은 고대부터 2100년까지 전 세계의 자본수익률과 경제성장률을 비교한 것이다. 자본수익률은 시대에 관계없이 대체로 4~5퍼센트 주변을 맴돌고 있어 큰 변화가 없다. 그에 비해서 경제성장률은 굉장히 큰 변동을 보여준다. 1700년 정도까지는 경제성장이라고 할 만할 것이 없어 할아버지 세대나 아버지 세대, 자식 세대가 생활수준이 거의 비슷했다. 해 뜨면 들판에 나가 농사짓고, 해 지면 돌아오는, 겨우 입에 풀칠하는 수준의 생활이 수천 년간 계속된 것이다.

그러다 1700년부터 역사상 처음으로 경제성장이라는 것이 일어났고 성장률은 20세기 중반쯤에 이르러 가장 높았다. 이때 성장률

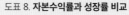

도표 8. 자본수익률과 성장률 비교

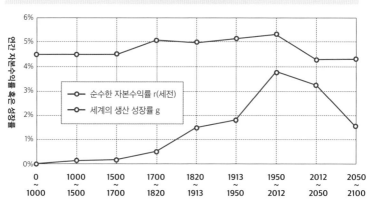

연간 자본수익률 혹은 성장률

- 순수한 자본수익률 r(세전)
- 세계의 생산 성장률 g

출처 : piketty.pse.ens.fr/capital21c

이 4퍼센트 정도인데, 4퍼센트라는 성장률은 자본주의 역사상 전무후무하다. 이때가 바로 앞 장에서 얘기한 제2차 세계대전 끝나고 40여 년간 지속된 자본주의 황금시대였다. 이 시기는 미국뿐만 아니라 영국, 독일, 일본, 심지어 한국도 경제성장률이 가장 높았던 시기다. 앞으로 21세기에는 경제성장률이 둔화될 것으로 예측되기 때문에 이 기록은 깨지지 않을 것으로 보인다.

피케티는 21세기에는 경제성장률이 지속해서 떨어질 것으로 예측한다. 경제성장률은 인구성장률과 기술 진보의 속도라는 두 가지 변수의 합이다. 피케티는 현재 세계 인구가 정점을 지나 내리막길로 들어섰고, 기술 진보는 19~20세기에 자동차나 전자, 컴퓨터 등을 통해 많은 혁신이 있었지만 21세기에는 그런 획기적인 혁신은 일어나지 않을 것이라고 본다. 인구 감소 추세는 누가 보더라도 의심의 여지가 없다고 할 수 있지만 기술 진보에 대해서는 다른 의견이 있을 수 있다. 아무튼 피케티는 이런 예측에 바탕을 두고 21세기 경제성장률은 20세기보다 낮아질 것이라고 내다본다.

이것은 무엇을 의미하는가. 20세기에 r과 g의 경주에서 경제성장률이 자본수익률을 겨우 따라갔는데 21세기에는 다시 둘 사이가 벌어진다는 예측이다. 격차가 벌어질수록 점점 β(자본/소득 비율)가 높아지고, 그러면 자본소득의 비중도 높아지고 부익부 빈익빈이 심화될 것이라고 전망한다. r과 g의 경주는 피케티의 핵심 개념이다. 『21세기 자본』 이후 피케티 열풍이 불면서 '$r > g$'를 새긴 티셔츠가 등장했다고 한다. 그만큼 '$r > g$'는 불평등에 대한 피케티의 핵심 공식이면서, 그의 주장을 한눈에 보여준다고 할 수 있다. 지난 2,000여 년간 성장률 추세는 0에서 시작해 점점 올라가 자본주의 황금시대 때 4퍼센트로 정점을 찍고 다시 내려갈 것으로 보이고, r과 g가 벌어질수록 앞으로 오는 시대에는 자본/소득 비율이 올라가 불평등이 심화될 것이다.

우리는 1장에서 1870년부터 2010년까지 '유럽의 자본/소득 비율'을 보여주는 도표를 살펴보았다. 독일과 프랑스, 영국의 자본/소득 비율이었는데 일명 '피케티 비율', 즉 자본이 국민소득의 몇 배나 되는지를 나타내는 그래프였다. 19세기 말에 이 자본 대 소득의 비율

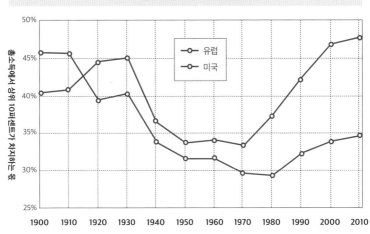

출처: piketty.pse.ens.fr/capital21c

이 6, 7 정도였던 것이 20세기 들어 2, 3까지 내려갔다가 다시 지난 40여 년간 계속 올라가면서 전 세계적으로 U자 형태의 곡선을 그린다는 것이었다. 자본/소득 비율이 이렇게 올라간다는 것은 불평등이 심화된다는 좋지 않은 신호라고 앞에서 설명한 바 있다.

〈도표 9〉는 상위 10퍼센트가 총소득에서 차지하는 몫을 나타내는데, 앞에서 살펴보았듯이 여러 나라에서 U자 형태의 변동을 나타낸다. 그런데 나라에 따라 U자 모양에도 상당한 차이가 있음을 알 수 있다. 상위 10퍼센트의 몫이 높을수록 불평등이 심하다고 말할 수 있는데, 19세기까지는 유럽이 미국보다 높고 20세기 들어서면서

피케티의 불평등 처방

비슷하게 가다가 1980년 이후에 현격한 차이를 보인다. 즉, 유럽보다 미국이 더 가파른 U자 형태를 보이는 것이다. 완만한 U자 형태인 유럽보다 미국의 불평등과 양극화가 훨씬 심하다고 볼 수 있다.

3 ─ 자본주의 역사의 예외적 시기 (1945~1979)

자본주의 역사의 황금기와 대공황, 뉴딜 등에 대해 미국을 중심으로 살펴보았지만 미국에만 해당되는 이야기는 아니다. 자본주의 황금시대는 제2차 세계대전 후 30~40년 동안 여러 나라에서 나타난 현상이다. 프랑스에서는 그 시기를 '영광의 30년', 독일에서는 '라인강의 기적', 일본에서는 '소득배증'의 시기라 부른다. 우리나라 또한 이 시기가 '한강의 기적'이라고 부르는 고도 경제성장기다. 이와 같이 세계 여러 나라에서 비슷한 시기에 비슷하게 고도성장을 경험했다.

피케티는 200년 동안의 자본주의 발전 과정 중에서 특히 부의 세습이라는 관점에서 19세기 자본주의를 '세습자본주의'라고 명명한다. 부가 이전 세대에서 다음 세대로 세습되고, 개인이 아무리 열심히 일하고 노력해도 별로 신분 상승의 희망이 없는 시대였다는 말이다. 그런데 20세기에 들어서는 상황이 크게 달라졌다. 불평등이 줄어들고 가난한 사람도 열심히 노력하면 성공할 수 있는 시대가 열렸다. 그러나 이런 시대는 오래가지 못한 채 40년 황금시대는 종

말을 고하고, 19세기 상황으로 급속히 되돌아가고 있다. 피케티는 앞으로 올 21세기는 19세기와 같은 시대가 될 것이라고 전망한다. 불평등이 매우 심했던 시대, 그러니까 자본/소득 비율이 6~7 정도나 되었던 시대, 자본소득이 많고 양극화가 심했던 시대가 있는데 바로 1870년부터 20세기 초반까지였다. 그 40년을 프랑스에서는 '아름다운 시대', 즉 '벨 에포크Belle Époque'라고 부른다.

왜 아름다운 시대인가? 문화 예술이 꽃핀 전성기였기 때문이다. 미술에서는 마네, 모네, 고흐, 고갱, 르누아르, 세잔 같은 인상파 화가들이 나타났고, 로댕과 카미유 클로델이 조각가로 활동했던 시대였다. 프랑스 음악의 전성기도 바로 이 시대였는데 라벨, 드뷔시, 비제*, 사티 등이 이 시대에 활동했다. 건축 분야에는 에펠이 있었고, 문단에는 에밀 졸라, 시몬 보부아르, 빅토르 위고, 보들레르 같은 위대한 작가들이 이때 등장했다. 그러나 이 아름다운 시대는 공교롭게도 불평등이 가장 심했던 시기이기도 했다. 불평등과 문화 예술의 발달이 어떤 인과관계가 있는지 연구 과제로 삼을 만하다. 모차르트나 베토벤 같은 음악가들은 귀족들이 작곡을 지원하고 초청을 해서 대가를 지불해야 생활과 창작이 가능했으니 불평등한 사회일수록 역설적으로 문화 예술이 꽃필 가능성도 있지 않을까.

미국의 경우에는 비슷한 시기, 그러니까 19세기 말을 도금시대Gilded Age라고 부른다. 급속한 경제 발전으로 부를 획득한 사람들과 부패한 정치인들의 행태가 금박을 두른 것과 같다는 풍자였는데,

풍자의 달인이었던 마크 트웨인과 찰스 워너의 소설 『도금시대*The Gilded Age : A Tale of Today*』에서 유래되었다. 19세기는 돈이 지배하는 시

조르주 비제 Georges Bizet
(1838~1875)

• **비제의 천재성**　어느 날 작곡가 리스트가 자기의 피아노 솜씨를 자랑하고 있었다. 보통 사람은 도저히 연주가 불가능한 '초절기교 연습곡'을 한 곡 멋지게 연주한 뒤 청중에게 이렇게 말했다. "이 곡을 연주할 수 있는 사람은 전 세계에서 한스 폰 뷜로와 나, 두 명밖에 없습니다." 그러자 청중석 뒷자리에 앉아 듣고 있던 한 청년이 조용히 손을 들며 말했다. "저도 칠 수 있는데요." 리스트가 설마 하는 눈빛으로 도저히 못 믿겠다는 듯이 그 청년에게 한번 쳐보라고 했다. 청년은 피아노 앞으로 나와 연주를 시작했는데, 한 치의 오차도 없이 정확하게 치는 게 아닌가. 깜짝 놀란 리스트가 이렇게 말했다. "조금 전 제 말을 정정하겠습니다. 이 곡을 칠 수 있는 사람은 세 명밖에 없습니다." 그 청년이 바로 조르주 비제였다.

비제는 조곡 <아를의 여인>, 그리고 오페라 <진주조개 잡이>, <카르멘>을 작곡했다. <진주조개 잡이> 중 아리아 '귀에 남은 그대 목소리'는 이름다운 선율로 지금도 큰 인기를 누린다. 오페라 <카르멘>은 파리 초연 뒤 "이게 무슨 오페라냐" 하는 혹평과 함께 완전히 무시당했다. 집시 여인이 등장하고, 시끄러운 술집, 애증, 살인이 등장하는 이 오페라는 파리의 교양 있는 시민들 눈에는 형편없는 작품으로 보였다. 비제는 평단의 혹평에 크게 상심한 끝에 병까지 얻어 37세 나이로 요절하고 말았다. 비제가 세상을 떠난 직후 오스트리아 빈에서 열린 <카르멘> 공연은 정반대로 엄청난 호평을 받았고, 지금도 <카르멘>은 세계 곳곳에서 공연되는 대표적인 오페라다. 그가 제대로 평가받지 못하고 일찍 세상을 떠난 것은 참으로 애석한 일이다.

대, 금권주의金權主義, plutocracy 시대였다. 반면 20세기는 실력주의實力主義, meritocracy 시대라고 부를 수 있다. 곧 실력이 지배하는, 실력 있는 사람이 성공하는 실력주의 시대였다.

대기업이 부를 축적하는 역사의 뒤안에는 노동자들의 피나는 고투의 역사가 있다. 그중 대표적인 것이 시카고의 헤이마켓 사건Haymarket Affair이다. 1886년 5월 초, 바람 부는 도시 시카고의 헤이마켓 광장에서 8시간 노동을 주장하는 노동자 시위가 열렸다. 당시 노동자들은 주당 7~8달러의 저임금을 받으면서 하루 12~16시간의 장시간 노동에 혹사당하고 있었다. 노동자들은 1886년 5월 1일, 8시간 노동제를 요구하며 미국 전역에서 총파업을 벌였다. 경찰의 무차별적 진압이 이루어졌고, 5월 3일 시카고에서는 집회 중이던 노동자 6명이 경찰이 발포한 총에 사망했다. 다음 날 헤이마켓 광장에 모여 경찰의 만행을 규탄하는 평화적인 집회가 열렸는데, 경찰의 과잉 진압이 이루어지자 신원을 알 수 없는 누군가가 폭탄을 던졌다. 이에 당황한 경찰은 노동자들을 향해 총을 쏘아대기 시작했고, 경찰 7명과 노동자와 시민 4명 이상이 죽고, 많은 사람들이 부상을 입었다. 이 헤이마켓 사건은 나중에 세계 노동절May Day의 배경이 되었다.

헤이마켓 사건 이후 수많은 노동자들과 노동운동 지도자들이 체포되었다. 그리고 몇 개월 동안의 재판 끝에 주동자로 지목된 8명의 노동운동가들 중 7명에게 사형이, 1명에게 15년형이 선고되었

도금시대의 명암

도금시대는 신흥 부자들이 온갖 수단을 총동원해 단기간에 엄청난 부를 축적한 시기였다. 이들은 거짓말, 사기, 담합, 배신, 가격 후려치기, 노조 때려잡기 등 법적으로나 윤리적으로나 지탄받을 행동을 예사로 저질렀다. 국민들이 이들을 보는 시선은 곱지 않았고, 그래서 '강도남작The Robber Barons'이라는 별명을 얻게 되었다. 록펠러, 카네기, 반더빌트 등이 이들의 대표 주자였다. 록펠러는 독실한 기독교 신자로서 그의 침실 머리맡에는 늘 성경이 놓여 있었고, 검소하고 경건한 사람이었으나 사업을 경영하는 과정에서는 결코 신사적이지 않았다. 다만 만년에는 열심히 자선사업을 해서 상당한 재산을 사회에 환원하고 죽었다. 카네기도 비슷했다. 그는 "부자인 채로 죽는 것은 수치"라는 명언을 남기면서 자신이 평생 모은 재산의 상당 부분을, 특히 도서관 짓는 데 희사했다. 그러나 사업을 하는 과정에서 저지른 반칙과 노조 탄압은 비난을 면하기 어렵다. 반더빌트는 사업 수단도 비열했지만 개인 행실도 방탕해서 악명이 높았다. 그가 부자들의 별장이 모여 있는 뉴포트New Port에 지은 별장, 마블하우스Marble House는 이탈리아에서 수입한 대리석으로 지은 호화판 주택인데 지금도 관광객들을 불러 모은다. 그가 하버드대학에 큰돈을 기부하려 하자 하버드대학이 이례적으로 거부했고, 그래서 그가 남쪽에 하버드를 능가하는 대학을 만들겠다고 야심차게 설립한 대학이 반더빌트대학이라는 이야기가 전해온다. 반더빌트대학은 남부의 하버드라는 별명이 있다.

노동절의 효시가 된 헤이마켓 사건을 그린 판화.

다. 그런데 증거는 아무것도 없었다. 폭탄을 누가 투척했는지도 밝혀지지 않았고, 실제로 노동운동을 탄압하기 위해 계획적으로 투척한 것이 아닌지 의심되는 정황도 있다. 심지어 피고 중에는 집회 현장에 가지 않았던 사람도 있었다. 그럼에도 불구하고 재판은 일사천리로 진행되었다. 결국 사건이 일어나고 1년 2개월 뒤에 4명이 처형되었고, 2명은 마지막 순간에 무기형으로 감형되었으며, 1명은 옥중에서 의문의 시체로 발견되었지만 자살인지 타살인지 밝혀지지 않았다.

4명의 사형수 중 한 명이 앨버트 파슨즈Albert Parsons였다. 그는 당일 가족들과 함께 있었고 헤이마켓 광장에는 가지도 않았다. 그럼에도 불구하고 체포된 것은 그가 아나키스트 노동운동 단체인 국제노동자연합의 주요 인물이었기 때문이다. 그는 재판에서 살인죄로 사형 판결을 받았고, 자기의 정당성을 주장했음에도 법원에서는 이를 받아들이지 않았다. 앨버트 파슨즈의 아내 루시 파슨스Lucy Parsons는 빈민과 사회적 약자의 권리를 위해 싸운 아나키스트이자 노동운동가였다. 그녀는 미국 원주민계와 멕시코계 그리고 아프리카계의 혈통을 모두 물려받았고, 성차별과 인종차별이 만연했던 당시 미국 사회에서 많은 박해와 차별을 받은 사람이었다. 백인이었던 앨버트 파슨즈와의 결혼 또한 당시 미국 법률로는 금지되어 있었다. 그녀는 전국을 다니며 남편과 다른 투옥된 노동자들에 대한 석방운동을 벌였다. 프랑스 하원의장 그리고 영국의 문인 조지 버나드 쇼, 윌리엄 모리스 등 세계의 저명인사들이 이들의 구명을 탄원했으나 착착 진행되는 사법 살인을 막을 수 없었다. 결국 다음 해인 1887년 11월에 4명의 피고에 대한 사형이 집행되었다. 평소 노조와 무정부주의자들을 혐오하던 기업가, 검찰, 관료들이 짜맞추기식 재판을 벌여 미운털이 박힌 노동운동가들에게 복수극을 벌인 대표적인 사법 살인이다.

사형 집행일 전날 교수대를 설치하는 목공들이 망치 두드리는 소리가 밤새 들렸고, 새벽이 되어서야 멈추었다. 평소 시를 읊고 노래 부르기를 좋아했던 앨버트 파슨즈는 그 망치 소리를 들으며 자기를 구출하기 위해 백방으로 쫓아다녔던 사랑하는 아내를 위해 온 감옥에 다 들릴 정도로 큰 목소리로 마지막 노래를 불렀다. 그 노래는 스코틀랜드 민요 〈애니 로리Annie Laurie〉였다. 이 노래는 나도 좋아하는 노래인데, 많은 이들이 이 노래를 들으면서 억울하게 죽은 노동운동가 앨버트 파슨즈와 그의 아내를 생각하면 좋겠다. 6년이 흐른 뒤 신임 일리노이 주지사 존 피터 알트겔드는 이 사건의 기록을 면밀히 검토한 뒤 이 잘못된 재판을 비난하는 1만 8,000 단어의 글을 발표하면서 남은 무기징역수 3명을 무죄 석방했다. 용감하고 정의로운 이 주지사는 보수파의 표적이 되어 그 뒤 선거에서 연달아 패하고 정계를 떠났으나 자신의 결정을 조금도 후회하지 않았다.

이후 프랑스혁명 100주년이었던 1889년 7월, 파리에서 열린 제2인터내셔널 창립대회에서는 8시간 노동제를 위해 싸웠던 노동자들의 투쟁을 노동운동에의 역사적인 사건으로 평가하고, 5월 1일을 세계 노동절May Day로 선언했다. 다음 해인 1890년 5월 1일 노동시간 단축과 노동자의 연대와 단결권을 외치며 세계 최초의 노동절 대회가 열렸고, 이후 전 세계에서 매년 노동절을 기념해오고 있다. 우리나라는 독재 시절 세계 노동절을 따르지 않고, 어용 노조인 대한노총의 창립일인 3월 10일을 '근로자의 날'이라는 이상한 이름으로 기념하고 있었으나, 민주화가 이루어지면서 이제는 5월 1일이 노동절로 자리 잡았다.

그러면 실력주의와 금권주의 중 어떤 것이 더 바람직할까? 실력주의로 인해 여러 가지 부작용이 있는 것도 사실이지만 적어도 금권주의보다 나은 것만은 분명하다. 20세기 실력주의 시대는 19세기 금권주의 시대보다는 좀 더 공평하고 열심히 일할 만한 자극을 줄 수 있는 시대라고 할 수 있다. 피케티는 실력주의 시대가 오래가지 않고 금권주의 시대로 다시 돌아갈 것이라고 말한다. 자본/소득 비율(β)이 높아져 불평등이 점점 심화되고, r(자본수익률)과 g(경제성장률)의 경주에서 g가 패배하고 과거가 미래를 잡아먹게 되면 부유한 사람이 지배하는 세상이 온다는 것이다. 그래서 열심히 노력하는 일이 중요하지 않을 것이라는 아주 우울한 전망을 내놓는다.

피케티의 이러한 주장은 여러 나라의 통계를 가지고 결론을 낸 것이기 때문에 굉장히 설득력이 강하다. 그러면서 그 전달하는 메시지가 뚜렷하고 강렬하다. 금권주의 시대, 세습자본주의 시대가 다시 오고 내가 노력해봐야 아무런 소용이 없고, 부유한 집안에서 태어난 사람이 성공하는, 우울하고 미래가 보이지 않는 그런 시대가 온다는 것이다. 그러면 어떻게 해야 할까? 이런 위기에 대해 피케티는 『21세기 자본』의 후반부에서 나름의 처방을 제시한다. 과거 20세기 혼란기에 제1차 세계대전, 제2차 세계대전이 있었고, 또 파시즘이 등장해 히틀러나 무솔리니가 많은 사람을 죽이기도 했다. 이런 파시즘이나 전쟁 같은 파괴적인 해법 말고, 평화적으로 민주주의를 지켜가면서 불평등 상승이라는 이 거대한 문제를 해결하는 방법은 없을까 하는 것이 피케티의 고민이었다.

4
세습자본주의에 대한 피케티의 세 가지 처방

피케티가 내린 처방은 세 가지다. 그가 제시한 첫 번째 처방은 '사회국가'다. 사회국가라는 말은 잘 쓰이는 용어는 아니지만 내용을 보면 복지국가와 거의 비슷하다. 복지국가를 강화하자는 것이 피케티의 첫 번째 처방이라고 이해해도 큰 무리가 없다.

두 번째 처방은 고율의 '누진소득세'다. 피케티는 『21세기 자본』에서도 그랬지만 최근 나온 『자본과 이데올로기』에서도 누진소득세의 역사에 대해 아주 자세히 설명하고 있다. 지금은 어느 나라나 누진소득세를 시행하고 있다. 나라마다 차이가 있지만 부자일수록 더 높은 세율의 세금을 낸다. 세금 부담이 그만큼 누진적으로 커진다는 뜻이다. 지금은 누구나 그것을 당연하게 받아들이고 있지만 이 제도가 도입된 지는 불과 100여 년밖에 되지 않았다. 수백 년 된 소득세의 역사에 비하면 매우 짧다.

1914년에 일어난 제1차 세계대전이 누진소득세 도입을 가능케 했다. 전쟁이 일어나자 유럽 각국들이 군비 지출을 대폭 증가시킬 필요가 있었고, 그러기 위해서는 조세 수입을 크게 늘려야 했다. 세수를 크게 늘리는 방책으로 누진소득세만 한 것이 없었다. 부자들, 대기업, 보수파 정당이 완강하게 반대해서 절대 통과되지 않을 것처럼 보였던 누진소득세가 통과되는 이변이 일어났다. 전비 조달 없이는 나라의 운명을 장담할 수 없으므로 현실적 절박성하에 각

피케티의 불평등 처방   73

국에서 일제히 누진소득세가 도입되었다. 그렇게 도입된 누진소득세는 세율이 점점 높아져 최고 정점일 때는 90퍼센트가 넘을 때도 있었다.

누진소득세를 시행할 때는 소득 구간을 나눠 서로 다른 세율을 적용한다. 저소득층은 면세이거나 낮은 한계세율을 적용하고, 고소득층으로 갈수록 높은 한계세율을 매긴다. 한계세율은 전체 소득이 아니라 증가한 한계소득(또는 마지막 소득)에 적용하는 세율을 말한다. 믿기 어렵지만 최고의 한계세율이 80~90퍼센트에 달하던 시대가 있었다. 심지어 미국의 경우 물경 97퍼센트의 최고 세율도 있었다. 1만 원을 벌었다면 9,700원을 세금으로 낸다는 것인데, '그러면 누가 일하겠나, 그냥 놀지' 하고 생각하기 쉽다. 그런데 그것은 추가 소득 1만 원에 적용되는 것이고, 그 전에 벌어들인 '1만 원들'에 대해서는 낮은 세율이 적용되므로 전체 소득에 대해 97퍼센트를 세금으로 거둬가는 것은 아니다. 평균과 한계의 차이를 이해하는 것이 중요하다. 97퍼센트의 한계세율을 내는 고소득층이 있다면 그는 평균 세율로 따져 대략 50퍼센트 정도 세금을 낸다고 보면 된다. 최고 세율 80~90퍼센트에 이르는 엄청나게 높은 누진소득세율이 있었던 그때 사람들이 일하기를 거부하고 경제가 곤두박질쳤을 것 같지만 놀라지 마시라, 오히려 경제가 아주 잘 돌아갔다. 그때가 바로 자본주의 황금시대였고, 자본주의 역사의 전성기였다.

그래서 피케티는 자본주의 황금시대에 높은 세율의 소득세를 부과했는데도 불구하고 경제가 잘 돌아가지 않았느냐고 말한다. 실제로 그때 경제는 최고 성적을 올렸다. 경제가 빠르게 성장했고 고용도 잘되었고 분배도 양호했다. 그런데 지금은 소득세율이 아주 낮아진 상태다. 특히 레이건 대통령과 대처 총리의 집권 이후에 미국과 영국은 물론이고 여러 나라에서 부자 감세 정책을 폈다. 1920년대 광란의 시대에 앤드루 멜런이 폈던 정책을 레이건과 대처가 되살려 전 세계에 퍼뜨려놓았다.

세계적으로 소득세율이 낮아져 한때 최고 한계세율이 80~90퍼센트를 넘던 나라들이 지금은 세율을 30~40퍼센트대로 낮추었다. 그런데 피케티는 이것을 다시 80퍼센트로 높이자고 주장한다. 깜짝 놀랄 만한 주장이다. 특히 부자와 대기업들은 기절초풍할 일이다. '이 사람이 경제를 망치려고 작정을 했구나' 싶을 텐데, 그의 주장을 찬찬히 뜯어보면 그렇지 않다. 자본주의 황금시대 때 그렇게 했는데 경제가 제일 좋았으니 그때로 돌아가자는 주장이므로 근거 없고 허무맹랑한 소리는 아니다.

세 번째 처방은 매우 독창적인 아이디어다. 자본에 대해 과세를 하는데, 이것을 한 나라가 아니라 세계 공통으로 하자는 것이다. 그래서 이름이 '세계자본세'이다. 이런 세금은 과거에 없었던 것이다. 피케티는 왜 이런 주장을 하게 되었을까.

2012년에 프랑스 최고 부자 중 한 명인 베르나르 아르노 루이뷔통 회장이 당시 정권을 잡은 사회당 정부에서 고소득층 증세 정책을 추진하려 하자 벨기에 국적을 신청해 논란이 일고 세계적인 뉴스거리가 된 적이 있다. 이처럼 한 나라에서 부자에게 무거운 세금을 때리면 다른 나라로 국적을 바꾸면 그만이다. 이런 상황을 막기 위해서는 세계 공통으로 세금을 부과하면 된다. 한때 우리나라에서 "지구를 떠나거라!"라는 유행어가 있었는데, 지구를 떠나지 않고서는 이 세금을 피할 길이 없다. 그래서 피케티는 세계자본세를 제안한 것이다. 아직 세계 정부가 없는 상황에서 어떻게 세계자본세를 부과할 것인지는 앞으로 본격적인 논의를 필요로 한다.

불평등에 대한 피케티의 처방은 이렇게 3종 세트다. 이 처방들을 가지고 불평등 심화라는 역사적인 거대한 파도를 막아내자고 주장하고 있다. 이런 주장에 대해 특히 부자와 대기업들이 상당한 알레르기 반응을 보이는 것은 아마 당연한 일일 것이다.

지난 100여 년간 선진국에서 세금을 얼마나 냈는지, 〈도표 10〉에서 그 추세를 알 수 있다. 19세기에는 조세부담률, 즉 국민소득에서 세금이 차지하는 비중이 10퍼센트가 채 안 되는 수준이었다. 이때의 국가를 '야경국가Night-watchman State'라고 부른다. 국가는 경제 문제에 일절 개입하지 말고 모든 것을 시장에 맡기라는 경제사상이다. 야경을 도는 정도의 최소한의 역할만 하면 족하다는 것이다. 이것은 극단적 자유방임주의laissez-faire 사상 또는 시장만능주의 사상으로, 역사적으로 19세기 후반에 잠시 전성기를 누렸던 경제사상이다. 그 뒤에 나타난 국가의 적극적 역할을 요구하는 케인즈주의

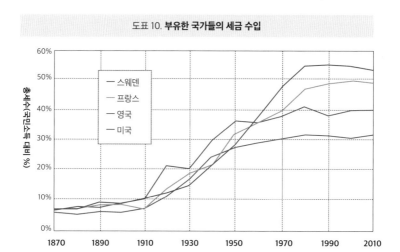

도표 10. **부유한 국가들의 세금 수입**

- 스웨덴
- 프랑스
- 영국
- 미국

총세수(국민소득 대비 %)

출처 : piketty.pse.ens.fr/capital21c

Keynesianism 사상과는 대척점에 있는 경제사상이라고 할 수 있다. 야경국가론이 힘을 얻던 이 시기는 다른 표현을 빌리자면 미국에서는 '도금시대', 프랑스에서는 '아름다운 시대'였다. 국가는 적극적 역할을 하지 않고 방관자적 자세를 취하니 국가 예산도 최소한으로 충분하고, 국민소득 대비 조세 수입의 비율도 1할밖에 되지 않았다. 그러던 것이 1910년대를 고비로 하여 국가의 역할이 커지고, 조세 수입도 크게 증가하기 시작했다. 전환점이 된 것은 제1차 세계대전이었고, 전비 조달 목적으로 누진소득세가 도입되어 세수가 급증했다는 것은 앞에서 다루었다. 그 뒤 20세기를 통틀어 조세부담률은 꾸준히 상승했다.

그렇다면 현재 조세부담률은 어떤가? 자본주의 국가를 영미형, 유럽형, 북유럽형 이렇게 3대 유형으로 나눌 수 있는데, 영미형에 속하는 미국은 이 비율이 20~30퍼센트를 차지한다. 유럽형에 속하는 독일이나 프랑스 같은 나라는 40퍼센트, 북유럽형인 스웨덴 같은 나라는 가장 높은 50퍼센트 정도다.

한국은 얼마나 될까? 한국은 현재 20퍼센트 정도로 다른 나라에 비해 아주 낮은 편인데도 불구하고 많은 사람들이 세금 때문에 못 살겠다, 정부가 세금을 너무 높인다고 아우성이다. 그런데 다른 나라들과 비교해보면 설득력이 떨어진다. 우리가 명색이 OECD 가입국인데 그중에서 20퍼센트 정도인 나라는 거의 없다. 그리고 역사적으로나 세계적인 관점에서나 세금이 과도해 못 살겠다는 말은 사실과는 다르다는 것을 금방 알 수 있다. 미국과 영국, 독일, 프랑스에서 소득세 최고세율이 80~90퍼센트까지 올라갔던 때가 자본주의 황금시대였으니 세금 높아서 못 살겠다는 말은 성립하기 어렵다.

자본주의 황금시대에 소득세율이 최고 97퍼센트까지 올라갔는데 특히 미국과 영국이 가장 높았다. 지금은 대체로 영미형 국가가 세금이 낮고 시장만능주의라고 불리는 자본주의인데, 한때는 오히려 이 두 나라가 세금을 가장 무겁게 부과했다는 것은 놀라운 사실이다. 그러다 1980년 레이건, 대처 정권 이후 급격히 떨어졌다. 그래서 오바마가 8년간 대통령을 하면서 소원이 하나 있었다고 한다.

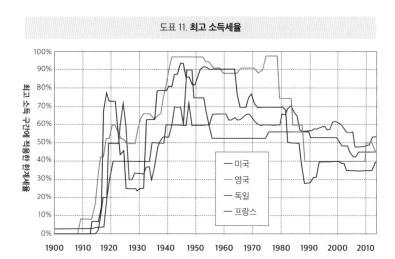

도표 11. **최고 소득세율**

출처: piketty.pse.ens.fr/capital21c

한때 90퍼센트가 넘었던 그 소득세율이 40퍼센트 밑으로 떨어져 있는데, 그것을 40퍼센트 이상으로 올리는 것이었다. 오바마는 결국 소원을 이루지 못하고 퇴임했다. 이런 걸 보면 세상이 얼마나 많이 바뀌었는지 알 수 있다.

그리고 상속세율도 비슷하다. 자본주의 황금시대 때에는 상속세율이 굉장히 높았고 그 뒤 크게 낮아졌다. 세금이 높아서 경제가 어렵고 기업을 경영하기 어려운 것이 아니라 오히려 세금이 높을 때 경제가 더 잘 돌아가는 호황기였다는 것을 알 수 있다. 이것은 역사적으로 매우 중요한 교훈을 우리에게 안겨준다.

피케티가 내린 불평등 심화에 대한 진단과 세 가지 처방을 살펴보았다. 우리가 상식적으로 생각했던 것과 실제 세상은 많이 다르다는 사실이 놀랍지 않은가? 세금이 무거워서 경제가 불황이고 기업이 어려운 것이 아니다. 세금이 무거울수록 오히려 경제가 호황인 시대가 있었다. 한국은 지금 20퍼센트 정도의 세금을 부과하는데도 세금 때문에 기업 경영이 어렵다고 아우성을 치고 있지만 세계적, 역사저 관점에서 보면 설득력이 없다. 보다 시야를 넓혀 객관적 태도를 가질 필요가 있다.

04

피케티에 반기를 들다

1
—
토마 피케티에
대한 평가

피케티는 『21세기 자본』이라는 책으로 일약 유명해진 경제학자이고, 많은 사람들이 앞으로 노벨경제학상 수상이 유력할 것으로 예상한다. 그러나 다른 한편에서는 상당히 의심 어린 눈초리로 그를 바라보고 비판하는 사람들도 적지 않다. 논란의 중심에 서 있다는 것은 분명하다. 40대의 젊은 나이에 이렇게 세계적으로 주목받는 것은 아주 드물고 예외적인 현상이다.

피케티에 대해 호의적으로 평가한 사람 중에는 폴 크루그먼Paul Krugman이 있다. 폴 크루먼은 노벨경제학상을 받은 미국의 진보적 경제학자다. 시사 문제에 대한 칼럼을 언론에 자주 쓰는 대중적 경제학자로도 인기가 높다. 그는 피케티의 책이 "앞으로 10년간 가장 중요한 경제학 저서로 자리매김할 것"이라는 호평을 남겼다. 또 다른 경제학자 중에는 로버트 솔로Robert Solow가 있다. 피케티가 젊은 시절에 3년간 경제학과 조교수로 있었던 MIT의 대선배 교수인 솔로는 경제성장론에 대한 기여를 인정받아 일찍이 노벨경제학상을 받은, 경제학계에서 매우 존경받는 거목이다. 그는 『21세기 자본』에 대해 "새롭고 강력한 공헌을 했다", "피케티가 옳다"는 호평을 했다(『애프터 피케티』, 율리시즈, 2017).

또 영국에 《이코노미스트》라는 주간지가 있는데, 1843년에 창간한 오랜 전통을 가진 권위 있는 경제 관련 잡지다. 발간 주기가 짧은 주간지여서 두께가 얇지만 엄청난 영향력이 있다. 지구상의 최신 정치·경제 동향과 변화, 그에 대한 훌륭한 분석이 실리기 때문에 세계의 주요 정치인, 관료들, 지식인과 기업가들이 매주 이 잡지를 읽는다.* 몇 년 전 《이코노미스트》에서 여러 쪽을 할애해 피케티 특집을 마련했는데 거기서 피케티를 평하기를 "Bigger than Marx", 즉 '맑스**보다 크다' 이렇게 표현했다. 맑스보다 더 '위대하다great'라고 하지 않고 더 크다고 평한 것은 '스케일이 더 크다'라는 뜻으로 해석하면 될 것 같다.

책이 출간된 이후 피케티는 여러 나라에 초대받았는데, 특히 미

---

* 빌 게이츠는 "주로 읽는 잡지가 무엇이냐"는 질문에 답하기를 "내가 주로 읽는 잡지는 《이코노미스트》다. 《이코노미스트》를 한 장도 빠짐없이 읽는다"고 말했다. 헨리 키신저는 "《이코노미스트》는 쟁점들을 개념적이면서도 동시에 실용적으로 다루는, 내가 아는 유일한 출판물이다. 내가 정기적으로 읽는 소수의 잡지 중 하나"라고 말했다.
** Karl Marx, 1818~1883. 이 책에서는 '칼 맑스'로 표기한다.

국에 갔을 때 유명한 정치인들과 관료, 지식인들과 만나 대담과 강연을 했다. 또 한국을 방문했을 때도 언론의 엄청난 주목을 받았다. 그런데 피케티의 의견에 동의하지 않을 뿐 아니라 전혀 인정하지 않는 사람들도 꽤 많다. 특히 보수 경제학자들 중에는 피케티의 주장은 엉터리라고 생각하는 사람이 많고, 특히 한국에서 더욱 그렇다. 책이 번역되어 나온 2014년에 피케티는 한국을 방문했는데, 그때 이미 피케티 비판서가 한국에서 출간되어 있었다. 아마 피케티 비판서로는 세계 최초가 아니었나 싶다. 내가 피케티와 대담을 하면서 그에게 피케티 비판서를 보여주었더니, 물론 그는 한글을 읽을 수는 없지만 재미있다는 듯이 웃으며 책을 들춰보았다.

보수 경제학자들은 피케티를 도무지 인정하지 않으려고 한다. 특히 재계에서는 경계하는 분위기가 역력하다. 빌 게이츠는 『21세기 자본』에 대한 서평을 남기면서 피케티가 말하는 부와 소득의 불평등 심화의 문제들에는 동의한다면서도 다만 자신이 "불평등 문제라고 말하는 것이 세상이 점점 나쁘게 변해간다는 뜻은 아니며, 중산층 증가로 인해 세계는 점점 평등하게 바뀌고 있다"고 강조했다. 재계에서 피케티를 싫어하고 반대하는 이유는 주로 고율의 누진소득세를 주장하기 때문이다.

피케티가 주장하는 80퍼센트의 높은 누진소득세에 대해 오해하기 쉬운데, 앞에서 말했듯이 그것은 한계세율이다. 마지막 벌어들인 1만 원에 대해 8,000원의 세금을 낸다는 것인데, 그럼 총소득에 대해 얼마를 내느냐 하면 대략 40퍼센트 정도라고 보면 크게 틀리지 않다. 바꾸어 말하면, 최고 부자들에 대한 한계세율은 80퍼센트이지만 평균세율은 40퍼센트 내외가 될 것이다. 즉 마지막 1만 원에 대해 내는 세금은 8,000원인데, 자신이 1년간 벌어들인 총소득에 대해서는 40퍼센트 정도 세금을 낸다고 보면 된다. 그러나 이것도 굉장히 높은 세율임에는 틀림없다. 현재 최고 소득세율 30~40퍼센트 수준에서 2배로 높이자는 것이니 기업을 경영하는 사람들이 화들짝 놀라 피케티를 반대하고 경계의 눈초리로 바라보는 것은 당연하다고 하겠다. 그런데 여기서 한마디 첨언해둘 것은, 앞에서도 언급했듯이 자본주의 경제가 제일 잘 돌아가고 성장률도 높고 고용과 분배가 잘 이루어졌던 소위 황금시대에 세금이 80퍼센트가 넘었다는 사실이다.

2 주류 경제학과 좌파의 비판

그러면 주류 경제학자 또는 보수 경제학자들이 피케티에 대해 어떤 비판을 하는지 살펴보자. 다음은 조금 전문적인 내용이어서 이해하기 어려울 수도 있지만, 큰 틀에서만 이해해도 충분하다. 먼저 피케티는 자본수익률 (r)이 역사적으로 늘 4~5퍼센트로 일정하다고 주장했는데, 자본수익률의 변동이 이보다 훨씬 큰 것이 아니냐는 반론이 있다.

또 하나는 자본과 노동 간 대체탄력성 문제다. 간단히 설명하자면, 자본과 노동이라는 2개의 생산요소가 있고, 이 2개가 결합되어 생산물을 만들어낸다. 그런데 이 자본과 노동은 서로 대체 가능성이 있어서 어떤 회사는 사람을 적게 쓰는 대신 기계를 많이 설치할 수도 있고, 반대로 또 어떤 회사는 사람을 많이 쓰고 기계를 적게 도입하기도 한다. 자본과 노동을 투입하는 비율은 두 요소의 가격에 달려 있다. 상대적으로 값이 비싸진 요소를 적게 사용하고, 값싼 요소를 많이 사용하려 하는 것은 너무나 당연하다. 두 요소의 상대 가격이 변동할 때 상대적 투입량이 달라지는데, 그것을 자본과 노동이 서로 대체한다고 말하고, 상호 대체가 크게 혹은 적게 일어나는 것을 각각 대체탄력성이 높다 혹은 낮다고 말한다.

여기서 대체탄력성이 1을 넘느냐, 넘지 않느냐가 중요한데, 피케티는 자본과 노동의 대체탄력성이 1.5 정도로 굉장히 높다고 주장한다. 이 점에 대해 주류 경제학자들은 도무지 받아들이기 어렵다고 말한다. 왜냐하면 지금까지 나온 많은 실증적, 통계적 연구의 결과는 1 이하가 대부분이고, 그 평균값은 대체로 0.6 정도였기 때문이다. 그래서 대체탄력성이 1을 넘는다는 피케티의 주장을 주류 경제학에서는 좀처럼 받아들이지 않고, 말도 안 된다는 식으로 일축하는 분위기가 있다. 예를 들어 폴 크루그먼과 더불어 경제학계의 3대 천재로 손꼽히는 하버드대학의 서머즈Lawrence Summers는 대체탄력성이 1을 넘는다는 데 대해 "내 머리털 나고 그런 이야기는 들어본 적이 없다"고 일축했다.

　그럼 왜 이런 차이가 나타날까? 그것은 자본에 대한 개념이 다르기 때문일 수 있다. 보통 주류 경제학에서 말하는 자본은 좁은 의미의 자본, 곧 생산자본(기계와 설비)을 뜻한다. 그와는 다르게 피케티가 말하는 자본의 개념은 대단히 광범위하다. 피케티의 자본 개념은 생산지본뿐 아니라 예금이나 주식, 채권, 보험 같은 금융자산과 기계, 설비, 주택과 토지, 건물 같은 부동산 등을 포함한다. 나아가서는 무형 자본, 지적재산권, 특허, 보이지 않는 자본까지 포함한다. 그래서 피케티가 말하는 자본은 보통 경제학자들이 말하는 자본과 큰 차이가 있는 광의의 자본 개념이다.

　그런 관점의 차이 때문에 대체탄력성에 대해서도 차이가 있을 수 있다. 이윤율 개념도 생산자본만 보느냐, 광의의 자본으로 보느냐에 따라 달라진다. 피케티처럼 이렇게 광의의 자본 개념을 사용한 경제학자는 일찍이 없었다. 1960~1970년대에 벌어졌던 캠브리지 자본 논쟁*에서처럼 자본 개념에 대한 관점의 차이로 인해 이같이 다른 결과가 발생한다고 볼 수 있다.

　이 밖에도 피케티에 대한 평가는 매우 다양하다. 그래서 피케티에 대한 여러 비판과 옹호를 담은 주장을 묶어 책이 출간되었는데 이 책의 두께가 상당하다. 제목은 『애프터 피케티*After Piketty : The Agenda for Economics and Inequality*』이고, '『21세기 자본』 이후 3년'이라는 부제가 붙어 있다. 대체로 찬성하는 입장과 반대하는 입장으로 나뉘는데,

관심 있는 독자는 이 책을 읽어보기 바란다. 이 논쟁에서 누가 옳고 그르다 말하기에는 아직 이른 단계다.

3
—
피케티의
『21세기 자본』,
21세기의 유령?
◎

피케티는 주류 경제학의 분배론에 대해 근본적인 의문을 제기하고 그것을 완전히 흔들어놓았다. 주류 경제학의 분배론 중에 대표적인 세 가지 가설이 있는데, 그 중 하나가 '볼리의 법칙Bowley's Law'이다.

볼리의 법칙은 20세기 초 영국의 경제학자 볼리의 이름을 딴 것으로, 그는 각국의 국민소득 중 노동소득과 자본소득의 상대적 비율이 언제 어디서나 일정하다고 주장했다. 실제로 볼리가 긁어모을 수 있는 몇몇 나라의 통계를 조사해보니 노동 대 자본 간의 소득 비율은 꽤 일정하게 나타났다. 그래서 '볼리의 법칙'이라는 말이 생겼

---

* 1960~1970년대에 걸쳐 영국 케임브리지대학의 조앤 로빈슨(Joan Robinson), 니콜라스 칼도어(Nicholas Kaldor), 피에로 스라파(Pierro Sraffa), 루이지 파지네티(Luigi Pasinetti) 등을 한편으로 하고, 다른 한편에는 미국 케임브리지에 소재한 MIT 경제학과의 폴 새뮤얼슨, 로버트 솔로 등이 벌인 경제학 논쟁이다. 처음에는 자본 개념에서 출발했으나 나중에는 가치론, 분배론, 성장론으로까지 확대된 본격 논쟁이 되었다. 여기서 영국의 케인즈학파는 미국의 신고전파를 사이비 케인즈파(Bastard Keynesians)라고 공격을 퍼부으면서 신고전파 이론 체계에 심각한 논리적 약점이 있음을 증명해냈으나, 그 뒤 논쟁은 뚜렷한 결론 없이 흐지부지 끝났다.

고, 경제학자 케인즈도 이 현상에 대해 참으로 '미스테리'하다고 언급한 바 있다. 그런데 피케티는 볼리의 법칙을 여지없이 파괴해버렸다. 전체 국민소득에서 자본이 차지하는 몫(a)은 늘 변하고, 자본/소득 비율(β)이 올라가면 a도 올라간다는 것이다. 그리고 지난 40년간 모든 나라에서 a가 높아졌다고 말한다.

또 다른 하나는 '역U자 가설'이다. 일찍이 노벨경제학상을 수상한 쿠즈네츠Simon Kuznets라는 하버드대학의 경제학자가 주장한 가설이다. 역U자 가설은 경제가 성장해가면서 처음에는 소득 불평등이 낮았다가 불평등이 점점 커지고 마지막에는 다시 낮아져 역U자 같은 모양을 취한다는 것이다. 이 가설은 매우 유명하고 경제학계에서 폭넓은 지지를 받아왔다. 그런데 피케티는 이것도 틀렸다고 말한다. 20세기 100년간의 불평등 양상을 살펴본 결과 미국이나 영국, 독일, 프랑스, 심지어 중국과 인도, 아르헨티나도 모두 역U자가 아니고 U자형의 변동을 보인다는 것이다. 피케티는 역U자 가설을 지금은 불평등하지만 참고 기다리면 언젠가는 평등해진다는 식으로 해석할 수 있고, 그것은 보수적 경제철학에 부합한다고 보아 쿠즈네츠를 비판한다. 그러나 사실 쿠즈네츠는 그런 이념적 전제를 깔고 연구한 것이 아니고 어디까지나 있는 통계를 있는 그대로 해석하려고 노력한 실증적 연구자였다. 어떻게 보면, 먼지 쌓인 장기통계를 들여다보면서 거기서 무언가 경향과 법칙을 발견하려고 노력했다는 점에서 피케티와 비슷한 계열의 경제학자였다. 그러므로 피케티의 쿠즈네츠 비판은 지나친 면이 있다.

마지막으로 '한계생산력설'이라는 가설이 있다. 어떤 생산요소를 한 단위 더 투입했을 때 한계적으로 총생산에 얼마나 기여하느냐에 따라 그 생산요소의 가격이 결정된다는 학설이다. 이 학설을 처음 주장한 사람은 19세기 미국의 보수 경제학자 존 베이츠 클라크였다. 앞에서 최근 100년간 미국의 불평등을 연구한 사에즈가 '존 베이츠 클라크 메달'을 수상했다는 이야기를 했다. 바로 이 클라크의 이름을 딴 상이다. 그의 한계생산력설은 부자들이 듣기에 굉장히 기분 좋은 이론이다. 총생산에 한계적으로 많은 기여를 한 사람의 소득이 높고, 기여가 낮은 사람은 소득이 낮다는 학설이기 때문이다. 자본가에게 유리하고 상당히 보수적인 이 학설에 대해서도 피케티는 근본적으로 틀렸다고 비판한다.*

피케티는 이렇듯 분배에 대한 주류의 사상을 허물어뜨리고, 근본적으로 이의를 제기한 셈이다. 보수파, 주류의 분배 철학을 잘 표현한 대표적인 말이 있다. "A rising tide lifts all boats", 밀물은 모든 배를 떠오르게 한다는 뜻이다. 밀물이 들어오면 바닷물의 수위가 높아지면서 정박해놓은 보트가 모두 떠오른다는 것으로, 존 F. 케네디 대통령이 한 말이다. 경제성장을 강조하는 사람들, 주로 보수 경제학자들이 이 말을 자주 인용한다. 분배보다는 성장을 강조하는 말이기 때문이다. 파이가 커지면 나눌 몫도 커지기 때문에, 즉 경제가 성장하면 모두가 경제적 혜택을 누리기 때문에 분배보다 성장이 우선이라고 보수 경제학자들은 늘 말한다. 밀물이 들어오면 모든 배가 떠오를 텐데, 당장 어느 배가 높게 떴고 낮게 떴는지가 중요한 것이 아니라는 말이다.

이 말은 일견 그럴듯하게 들린다. 모든 배가 다 떠오르는데 구태여 도토리 키 재기 할 필요는 없지 않은가. 그래서 한국에서도 보수적 언론이나 경제학자, 정치가들이 이 말을 즐겨 사용한다. 그런데 피케티는 이 말이 틀렸다고 주장하는 것이다. 그는 거꾸로 불평등을 해소하고 분배를 개선하는 것이 매우 중요하고, 황금시대에서 보듯이 분배가 개선되면 그에 따라 성장이 이루어지고 고용 상황도 좋아진다고 주장한다. 피케티는 성장과 분배를 보는 전통적 사고방식을 180도 혁명적으로 바꾸었다고 할 수 있다.

조앤 로빈슨 Joan Robinson
(1903~1983)

* 영국 케임브리지대학의 경제학자 조앤 로빈슨은 한계생산력설은 이론이 아니라 동어반복에 불과하다고 비판했다. 그녀는 케인스의 수제자라고 불릴 정도로 경제학의 여러 방면에 큰 업적을 쌓은 경제학자인데, 나이가 들수록 점점 좌경화해서 나중에는 중국의 문화혁명을 찬양하고, 1964년 북한을 일주일 방문하고 나서 북한이 경제 기적을 일으켰다는 글을 쓰기도 했다. 그래서 당연히 받아야 할 노벨경제학상을 받지 못했다. 그녀와 가까웠던 일본 도쿄대학의 경제학자 우자와 히로부미(宇澤弘文)는 로빈슨에 대해 이렇게 평했다. "그녀의 집안인 모리스가에는 반역의 피가 흐른다. 그녀의 조부는 신학교수였는데, 19세기에 돌연 '신은 없다'고 선언해서 파문당했다. 그녀의 아버지 모리스 장군은 제1차 세계대전 때 전황이 유리하다고 정부가 거짓 선전할 때 사실이 아니라고 폭로해서 큰 파문을 일으켰다. 그녀는 반골 집안 출신이다."

그러면 피케티는 한국 경제학에 어떤 영향을 주었을까. 첫 번째로, 경제학이 역사와 인문학 등과 통섭을 해야 한다는 것을 일깨워주었다. 『21세기 자본』은 참으로 특이한 경제학 책이다. 경제학 책 안에 소설이나 영화 이야기가 자주 등장하고 또 길게 인용된다. 특히 피케티가 책에서 자주 인용하는 소설 두 편이 있다. 하나는 영국 소설가 제인 오스틴Jane Austen이 쓴 『오만과 편견Pride and Prejudice, 1813』이고, 또 하나는 프랑스의 사실주의 작가 오노레 드 발자크Honoré de Balzac가 쓴 『고리오 영감Le Père Goriot, 1835』이다.

피케티가 두 소설을 자주, 또 길게 인용하는 이유는 자본의 중요성이 강화되는 시대의 변화를 잘 포착해서 아주 세밀하고 사실적으로 묘사함으로써 불평등의 함의를 드러냈기 때문이다. 피케티는 『21세기 자본』 서장에서 "제인 오스틴과 오노레 드 발자크는 1790년에서 1830년 사이 영국과 프랑스의 부의 분배에 관한 놀라운 모습을 그려냈다"고 평가한다.

젊은 여성이 작가로 활동하기 쉽지 않은 시대에 제인 오스틴은 여러 출판사에 원고를 보냈으나 모두 퇴짜를 맞았다. 심지어 읽어보지도 않고 그냥 돌려보내는 곳도 있었다고 한다. 결국 출간되지 못한 작품을 다시 쓰고 고쳐 『오만과 편견』이 나오게 되었는데, 출간 뒤 어마어마한 베스트셀러가 되었다. 『오만과 편견』은 딸만 다섯인 가난한 집의 어머니가 어떻게 하면 딸들을 부잣집 아들과 결혼시킬 수 있을까 하는 욕망을 드러낸다. 그런 가난한 서민 가정과 귀족들 사이의 이야기, 재산상속 등을 둘러싸고 벌어지는 이야기다. 그런 점에서 제인 오스틴은 실력보다는 자본이 중요해지고 세습자본주의와 금권자본주의가 득세하는 시대적 변화를 일찍 간파한 소설가였다고 할 수 있다.

『고리오 영감』에 나오는 라스티냐크라는 청년의 꿈은 열심히 공부해서 사법시험에 합격해 검사가 되고 검찰총장이 되는 것이었다. 그런데 그의 하숙집 옆방에 사는 나이 많고 경험 많은 보트랭이라는 남자는 재능이나 노력을 통해 성공할 수 있다는 생각은 환상에 불과하다며 그를 말린다. 그는 공부해봐야 소용없고 설사 성공한 검사가 된다 하더라도 진짜 부자는 될 수 없다면서 뭐니 뭐니 해도 부잣집 딸과 결혼해 큰 재산을 상속받는 길이 제일 현명하다고 권한다. 그러고는 마침 같은 하숙집에 세들어 사는 빅토린 양이 겉보기와는 달리 엄청난 부자의 상속권을 받을 가능성이 있으니 그 여자와 결혼한다면 평생 편안하고 안락하게 살게 될 거라고 유혹한다.

오만과 편견 *Pride and Prejudice*

영국 작가 제인 오스틴은 목사인 아버지 조지 오스틴과 어머니 커샌드라 사이에서 여덟 남매 중 일곱째로 태어났다. 어려서부터 글쓰기를 좋아했고, 열두 살 때 이미 소설을 쓰기 시작했다. 스무 살 때 첫사랑에 빠졌으나 남자 측 집안의 반대로 헤어지는 아픔을 겪었고, 이를 바탕으로 『첫인상』이라는 소설을 썼다.

아버지가 딸의 재능을 알아보고 이 작품을 출판사에 보냈으나 출판을 거절당했다. 한참 뒤 오스틴은 이 작품을 개작하여 1813년 『오만과 편견』이라는 제목으로 출판했다. 제인 오스틴은 『이성과 감성』 등 여섯 편의 소설을 쓰고는 건강이 급격히 악화해 불과 42세 나이에 요절했다. 오스틴은 결혼을 하지 않고 독신으로 살다 세상을 떠났다. 많은 천재들이 그러하듯이 오스틴은 생전에는 별로 인정받지 못했으나 그녀의 사후에 『오만과 편견』은 전 세계인에게 사랑받는 소설이 되었다. 지금도 꾸준히 읽히는 스테디셀러이고, 여러 차례 영화로 만들어졌다.

소설의 줄거리는 대략 다음과 같다. 딸 다섯을 둔 베네트 씨 집 이웃으로 서로 친구 사이인 부유한 두 청년, 빙리와 다아시가 이사를 온다. 딸들의 어머니는 자나 깨나 딸들을 부잣집에 시집보내는 게 꿈이니 기다리고 기다리던 호기를 맞은 셈이다. 빙리와 장녀 제인은 서로 호감을 갖게 되고, 다아시는 차녀 엘리자베스에 끌려 청혼을 하시

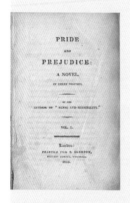

「오만과 편견」, 1813

만 엘리자베스는 다아시가 오만하다고 여겨 거절한다. 그 뒤 다아시가 엘리자베스의 여동생 리디아의 결혼을 몰래 돕고, 제인과 빙리가 결혼에 이르도록 도와주는 과정에서 엘리자베스는 다아시가 오만하다고 본 것이 자신의 편견이었음을 깨닫고 결국 두 사람은 결혼에 골인하는 해피엔딩으로 소설은 끝난다. 그래서 제목이 '오만과 편견'이다. 이 소설은 자본주의 초기인 200년 전의 재산 관계와 인생에서 재산의 중요성을 다룬 몇 안 되는 작품이어서 피케티는 이 소설을 자주 인용한다.

고리오 영감 *Le Père Goriot*

「고리오 영감」 삽화

프랑스의 사실주의 작가 오노레 드 발자크가 1835년 쓴 소설이다. 무대는 파리의 억척 노파 보케르가 운영하는 싸구려 하숙집. 여기에 여러 인물들이 세 들어 살고 있다. 주인공 라스티냐크는 지방 귀족 출신의 가난한 청년으로 파리에 올라와 사법시험을 쳐서 검사가 되는 꿈을 꾸고 있다. 옆방 남자 보트랭은 라스티냐크에게 사법시험 공부해서 검사가 되어봐야 별 볼일이 없다면서 다른 방에 사는, 얼핏 보면 가난해 보이지만 실은 큰 부자에게 상속을 받을 수 있는 여성과 연애를 해서 팔자를 고치라고 집요하게 권하고 그 계획을 착착 추진한다. 또 다른 방에 사는 고리오 영감은 한때 제면업으로 큰돈을 번 부자였으나 두 딸들에 대한 사랑이 지나친 나머지 재산을 두 딸에게 몽땅 넘겨주고 빈털터리가 되어 변두리 하숙집에 기거하는 불쌍한 신세다. 그 뒤로도 딸들은 아버지의 남은 재산을 수시로 야금야금 빼앗아간다. 고리오는 전 재산을 두 딸에게 다 바치고 병에 걸려 쓸쓸히 죽어가는데 딸들은 아버지가 위독하다는 소식을 듣고도 코빼기도 비치지 않는다. 라스티냐크는 정성을 다해 고리오 영감을 끝까지 간병하고 장례까지 치러준 뒤 다시 출세를 꿈꾸며 파리로 돌아온다는 줄거리다.

이 소설은 자본주의 초기의 프랑스에서 재산의 중요성을 강조하고, 재산이 얼마나 인간관계를 지배하고 파괴하는지를 적나라하게 묘사하고 있다. 이 소설에 나오는 다음 문장은 돈과 재산의 중요성을 웅변적으로 보여준다.

"사치의 악마가 그의 심장을 물어뜯었고 이욕의 열병이 그를 덮쳤고 황금에 대한 갈망이 그의 목을 태웠다. 그는 석 달에 130프랑밖에 못 만졌다."(『고리오 영감』, 박영근 옮김, 민음사, 95쪽)

그리고 고리오 영감이 딸에게 하는 말 또한 그렇다.

"돈이 바로 인생이야. 돈이면 무엇이든지 할 수 있지."(315쪽)

피케티는 이렇게 설명한다. "만약 라스티냐크가 (…) 빅토린 양과 결혼한다면 당장 100만 프랑의 재산을 손에 쥘 것이다. 그러면 그는 고작 스무 살에 매년 5만 프랑의 이자소득(자본의 5퍼센트 수익)을 얻게 된다. 몇 년 뒤에나 검사의 월급에서 기대할 수 있는 안락한 생활수준의 10배(당시 파리에서 가장 잘나가는 변호사들이 수년간 고생하고 온갖 수완을 발휘해 쉰 살이나 되어서야 얻을 수 있는 소득)를 곧바로 얻는 것이다. 결론은 분명했다. 빅토린 양이 특별히 예쁘거나 매력적이지는 않지만 라스티냐크는 그녀와 서둘러 결혼해야 한다."(290쪽)

실력주의보다도 금권주의를 강조하는 내용이다. 실력주의 시대라면 열심히 공부하는 것이 최선이겠지만 금권주의 시대에는 돈이 최고다. 열심히 공부하는 것보다 확실한 길은 부자와 결혼해서 재산을 상속받는 것이다. 공부냐 재산이냐, 그것이 문제로다. 피케티는 이것을 '라스티냐크의 딜레마'라고 부른다.

개인적으로 피케티를 만난 적이 두 번 있다. 2018년 그가 강연을 하기 위해 방한했을 때 두 번째로 만나 대담을 했고 사적인 이야기도 나누었다. 피케티에게 "경제학 책에 이렇게 소설이나 영화 이야기를 하는 것을 별로 본 적이 없는데 당신 책에는 자주 등장한다. 평소 소설과 영화를 자주 보느냐?"는 질문을 던졌다. 피케티는 웃으면서 소설, 영화를 즐겨 본다고 대답을 했다. 한국 경제학자와 교수, 연구자들 중에 소설이나 영화를 즐기며 문화적 교양을 갖춘 사람이 얼마나 될까? 반성해야 할 점인 것 같다. 경제학이나 사회과학을 연구하는 사람도 결국 인간에 대한 탐구가 직업이니만큼 인문학, 역사, 문화예술 같은 분야에 좀 더 관심을 가질 필요가 있지 않을까.

둘째로 피케티는 추상적이고 수학적인 경제학 모델에 이의를 제기했다. 한국의 경제학은 너무나 추상적으로 흘러가고 수학과 통계, 계량적인 수법을 너무 많이 쓴다. 물론 그런 것이 어느 정도는 필요하지만 지나칠 정도로 많이 쓰는 것이 문제다. 그렇게 해서 얻은 결론이 과연 얼마나 현실에 가까운가 질문했을 때 정말 회의가 든다. 추상적인 모델과 수학식을 만들어 넣어야 미국 경제학회지에 실리기에 유리할지는 몰라도, 경제학회지에 논문이 몇 편 실리고 점수 몇 점을 받는 것이 과연 얼마나 중요할까. 그보다 중요한 것은 현실의 문제 해결 능력이다. 현실의 경제문제와 완전히 유리된, 딴 나라 이야기 같은 경제학을 하는 경제학자들이 우리나라에 너무 많다. 현실을 연구하고 해결책을 모색하는 경제학자들은 오히려 소수에 속한다.

이것은 한국 경제학계가 심각하게 반성해야 할 점이다. 이 문제는 시간이 흐를수록 더 심해지고 있다. 기존에 대학에 자리 잡고 있는 교수들이 그런 기준과 안목으로 신임 교수들을 채용하기 때문에 경제학의 추상화 경향은 점점 심해지고 있고, 지금은 거의 회복 불능의 상태인 듯하다. 경제학자들이 우리 사회의 심각한 경제문제에 대해 진단하고 해법을 제시해야 하는데 그들의 관심은 오로지 해외 학술지에 논문이 실리는 데 있다. 둘 사이의 간격이 너무 커서 이제는 건널 수 없는 강이 되었다.

피케티는 수학을 부전공한 사람이다. 수학을 무척 잘하는데도 불구하고 책 한 권을 통틀어 수식을 2개밖에 쓰지 않았고 대부분 통계와 그림으로 설명한다. 그러면서 굉장히 중요한 발견을 했고, 역사적, 철학적 통찰력을 보여준다. 그는 여타 경제학자들이 정신이 번쩍 들게 한다. 추상적이고 수학적인 경제학만이 경제학이 아니고, 현실에 뿌리를 둔 경제학을 해야겠구나 하는 반성을 촉구한다.

셋째로 피케티는 불평등 문제와 사회적 약자에게 좀 더 관심을 기울여야 한다고 호소한다. 특히 책의 결론 부분에서 피케티는 웅변적이고 감성적으로 이 점을 강조한다. 사실 그동안 경제학자들은 불평등과 분배 문제에 별로 관심을 두지 않았다. 경제성장에는 많은 관심을 기울이고 수많은 이론을 만들고 발전시켜왔지만 가난한 사람들 그리고 분배에 대한 연구와 모색은 관심 밖이었다. 그러나 피케티는 경제학자들에게 사회적 약자에게 관심을 가져야 한다고 호소하고 있다.

짐 모린^{Jim Morin}이라는 만화가가 그린 아주 재미있는 만화가 있다. 가운데 프란치스코 교황이 서 있고, 왼쪽에는 '1%'라는 글자가 새겨진 모자를 쓰고 커다란 돈주머니를 든 상위 1퍼센트 부자가 있다. 금권주의를 상징하는 듯한 이 부자는 교황에게 이렇게 항의한다. "낙수효과^{trickle-down} 경제학이 작동하지 않는다고요? 도대체 어떤 맑시스트, 공산주의자, 리버럴리스트가 당신한테 그런 생각을 심어줬지요?" 그러자 교황은 아무 말 없이 미소를 지으며, 자기 뒤에 서 있는 사람을 손가락으로 가리키고 있을 뿐이다. '내 뒤에 있는 저분이 나에게 가르쳐줬습니다'라고 대답하는 듯한 프란치스코 교황의 등 뒤에 서 있는 사람은 다름 아닌 예수다.

흔히 '낙수효과'라고 불리는 이 경제학 가설은 대기업과 부자가 먼저 돈을 벌면 시간이 흐른 후에 중소기업이나 서민, 노동자들에게도 혜택이 돌아간다는 주장이다. 밀물은 모든 배를 떠오르게 한다는 '밀물의 경제학'과 더불어 보수 경제학의 대표적인 주장이고, 자주 인용되는 가설이다. 그런데 이 가설은 지금까지 그것이 옳다고 입증된 바가 없다. 그저 주장만 계속되고 있을 뿐인데, 부자가 들으면 매우 흡족한 말이고, 서민이나 노동자들에게는 지금은 가난하고 고통스럽더라도 조금 참고 기다리라는 말이다. 기다리면 곧 당신들에게도 기회가 온다는 주장이지만 그것이 실현된 적은 단 한

짐 모린, 《마이애미 헤럴드》

번도 없었다.

프란치스코 교황은 낙수효과라는 경제 가설에 대해 아르헨티나에서 신부로 있던 젊은 시절부터 반대해왔다고 한다. 그는 「복음의 기쁨」이라는 권고문을 통해 교회 개혁을 요구하고 자본주의의 병폐를 거침없이 비판하기도 했다. 그를 부자들과 보수주의자들이 못마땅해하며 좌파라고 비판한 것은 어쩌면 당연한 일이었다. 2013년 한 인터뷰에서 교황은 "과거에는 유리잔이 가득 차면 흘러넘쳐 가난한 자들에게도 그 혜택이 돌아간다는 믿음이 있었지만 지금은 유리잔이 차면 마술처럼 유리잔이 더 커져버린다"고 지적하면서, "권고문의 내용은 모두 교회의 교리에 들어 있는 것"이라고 말했다.

예수는 약자들과 고통받는 사람들의 편에 서서 지상에 사는 사람들 모두가 평등한 세상을 만들고자 했다. 그런 면에서 예수는 지금의 관점에서 보면 전형적인 리버럴리스트이자 좌파였다고 할 수 있다. 그 뒤에 교회도 세속화하고 세상도 크게 변했지만 초기 예수의 사상은 분명히 좌파적이었다. 하기야 세계의 4대 성인이라 불리는 공자, 석가, 예수, 마호메드가 모두 약자를 옹호하고 강사에 비판적이었으니 모두 좌파라고 할 수 있다. 경제학 역시 약자와 고통받는 사람의 편에 서는 실천 학문이 되어야 한다. 피케티가 웅변적으로 주장하는 바는 부자나 대기업을 편들기보다 약자와 서민들에게 관심을 돌리고 분배를 개선해서 경제를 살리자는 것이다.

05

세계는 얼마나 불평등한가

이 장에서는 피케티의 두 번째 책 『세계불평등보고서 2018$^{World\ Inequality\ Report\ 2018}$』를 살펴보려고 한다. 2018년에 출간된 이 책은 5명의 저자가 공저했고, 피케티도 대표 저자로 함께했다. 앞서 『21세기 자본』과 마찬가지로 이 책도 나오자마자 한국에서 번역 출간되었다.

이 책은 불평등 연구의 최전선에 있는 경제학자들이 유럽과 미국, 러시아, 아프리카 등 세계 여러 지역의 불평등 변동 양상을 상세하게 보여주는 것이 주요 내용이다. 이 책에 중요한 그래프가 하나 나오는데, 경제학자 브랑코 밀라노비치$^{Branko\ Milanović}$가 2015년에 제시한 '코끼리 곡선$^{Elephant\ curve}$'이 그것이다. 밀라노비치는 이제는 붕괴되어 사라진 유고슬라비아에서 태어난 사람인데, 세계은행에서 수석 경제학자로 일하면서 불평등 문제를 오랫동안 천착하여 코끼리 곡선이라는 개념을 만들어냈다.

코끼리 곡선은 전 세계의 사람들을 소득 크기별로 나눈 뒤 각 소득 계층의 최근 소득 증가율 추이를 보여준다. 예를 들어 70억 세계인이 소득에 따라 0에서 100 사이에 위치한다고 생각해보자. 소득이 가장 낮은 사람을 0에 놓고 빌 게이츠나 워런 버핏 같은 부자를 100의 자리에 놓는 것이다. 그렇게 가로축은 세계 인구를 소득 수준에 따라 100개 집단으로 나누어 분류하고, 세로축은 1980년부터 2016년까지 각 집단의 소득 증가율을 보여준다. 그러니까 곡선의 수치가 높을수록 소득이 크게 증가했다는 뜻이다.

이렇게 그린 곡선 모양이 코끼리의 형태와 닮았기 때문에 이를 코끼리 곡선이라고 부른다. 그래프의 중간 부분에 곡선이 올라온 코끼리 등처럼 보이는 부분이 있다. 이 부분은 소득 크기가 중간쯤 되는 집단으로 세계의 중산층에 해당하는데, 이들의 소득 증가율이 높다는 것을 말해준다. 세계 전체로 봐서 중간 계층에 해당하는, 즉 50분위 가까이 위치한 사람들은 어떤 사람들일까? 최근 30년간 고도성장을 해온 중국과 인도 사람들이 여기에 대거 속해 있다. 그보다 왼쪽, 즉 세계의 저소득층은 소득 성장률이 낮은 편인데, 여기는 주로 아프리카나 동남아 사람들이 많이 들어가 있다. 세계의 중산층이 매우 약진했기 때문에 이 자체는 좋은 결과다. 중산층이 호조를 보였다는 것은 중산층이 안정된 소위 다이아몬드형 사회라고 볼 수 있다. 계층 이론에서는 중산층이 두꺼워질수록 다이아몬드형 사회가 되고, 다이아몬드형 사회는 상층과 하층 사이에 중산층이 완충 역할을 하기 때문에 사회적으로 안정된 구조라고 말한다. 계층

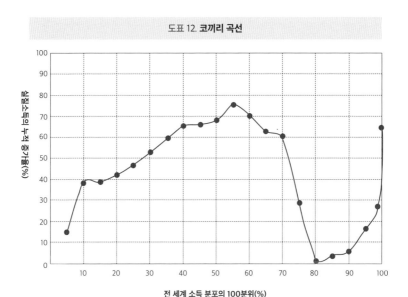

도표 12. **코끼리 곡선**

실질소득의 누적 증가율(%)

전 세계 소득 분포의 100분위(%)

출처 : 라크너와 밀라노비치(2015), 세계은행

이론대로라면 이런 변화는 괜찮다고 해석할 수 있다.

중간보다 오른쪽을 보자. 곡선이 아래로 내려오는 코끼리의 얼굴 부분인 상대적 고소득층의 소득 성장은 지난 20~30년 동안 저조했다. 그런데 이 집단은 원래 부자들이기 때문에 돈을 많이 벌지 못했더라도 세계적으로 큰 문제는 아니다. 그런데 문제는 마지막 90~100분위까지, 즉 세계에서 가장 부유한 10퍼센트의 사람들이다. 이 부자들의 소득이 약진했다는 것은 세계적 소득 불평등이 커졌다는 뜻이고, 최근 불평등의 중심에는 최고 부자들이 엄청난 소득을 차지하고 있다는 것이다. 코끼리 곡선에서 문제가 되는 것은 그림의 맨 오른쪽, 코끼리의 코 부분이 하늘을 향해 치솟는 부분이다. 세계의 최고 부자들이 약진하고 있다는 것, 이것이 지금 세계적 불평등 심화의 핵심이다. 이런 식으로 코끼리 곡선은 지난 30년간 세계 소득 분배의 변화를 일목요연하게 드러내 보여준다. 이 그림은 많은 경제학자들이 인용하고 있고, 이 책에서도 비중 있게 다루고 있다.

다음 〈도표 13〉은 지난 30여 년 동안 세계 소득 불평등의 추이를 보여주는 또 다른 그래프다. 이 그래프는 세계 소득 상위 1퍼센트와 소득 하위 50퍼센트 집단이 전체 소득에서 차지하는 몫을 나타낸다. 전 세계 소득에서 상위 1퍼센트의 몫은 1980년에 16퍼센트 정도였는데 2016년에는 20퍼센트를 넘어서서 서서히 상승하는 추세다. 반대로 소득 하위 50퍼센트, 70억 세계 인구의 절반에 해당되는 사람들은 10퍼센트 아래 수준이다. 중요한 것은 소수의 부자와 세계 절반의 인구, 이 양자 사이의 격차가 점점 벌어지고 있다는 점이고, 상위 1퍼센트 소득 집단이 가져간 몫이 하위 50퍼센트 인구가 가져간 몫의 2배를 차지하고 있다는 점이다. 그리고 이러한 세계적인 불평등이 계속해서 심화되고 있다는 점이다. 그럼 이것을 좀 더 세분해서 지역별 상황을 보기로 하자.

〈도표 14〉는 주요국의 소득 상위 10퍼센트 몫의 추이를 나타낸다. 이 책에서는 소득 불평등이 극단적으로 심각하고 고질적인 몇

출처: WID.월드(2017)

도표 13. 세계 소득 불평등 추이

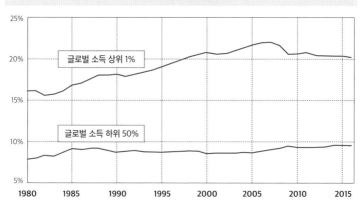

개의 나라를 뽑고 있다. 중동의 산유국들, 브라질을 포함한 남미, 아프리카의 대부분 국가들이다. 특히 학력 간 소득 격차를 보면 대졸과 고졸의 비율이 보통 나라는 2배 정도이고 선진국은 1배 반 정도 된다. 그런데 아프리카는 고졸과 대졸의 소득 비율이 6:1로 엄청난 격차가 있다. 이 지역들은 원래부터 불평등이 심한 나라들인데 지난 몇십 년 동안 계속해서 그 상태를 유지하고 있다. 소득 상위 10퍼센트 소득자들의 몫이 50퍼센트가 넘는 상황이 지속되어 온 것이다.

앞에서 우리는 사에즈의 연구 결과를 보았다. 지난 100년간 미국의 불평등을 보여주는 도표였는데, 거기에서 미국의 불평등이 심해져 가장 절정에 도달했을 때가 두 번 있었다. 소득 상위 10퍼센트의

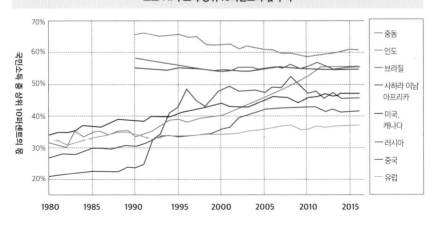

도표 14. 주요국 상위 10퍼센트의 몫 추이

국민소득 중 상위 10퍼센트의 몫

- 중동
- 인도
- 브라질
- 사하라 이남 아프리카
- 미국, 캐나다
- 러시아
- 중국
- 유럽

출처: WID.월드(2017)

몫이 50퍼센트에 도달했을 때가 두 차례 있었는데, 처음이 대공황이 일어난 1929년이었다. 그래서 사에즈는 대공황이 일어난 원인을 불평등 때문으로 해석했다. 그리고 두 번째 해가 2008년이었다. 미국 금융 위기가 왔던 해이고, 그로부터 13년이 흐른 지금까지 세계는 계속 불황을 헤어나지 못하고 있다. 이 두 번의 경제 위기는 모두 불평등이 극에 달했을 때, 즉 소득 상위 10퍼센트의 몫이 50퍼센트에 도달했을 때 일어났다. 그러므로 불평등이 경제 위기의 중요한 원인이 아닌가 하는 의심을 할 만하다.

그런데 중동이나 인도, 아프리카는 소득 상위 10퍼센트의 몫이 50퍼센트를 초과해서 심지어 60퍼센트를 넘기도 한다. 한두 해 그런 것이 아니라 이런 상상을 초월하는 불평등이 꾸준히 계속되었는데도 폭동이나 혁명이 일어나지 않고 체제가 유지된다는 사실은 어쩌면 놀랄 만한 일이다. 그 아래는 이보다는 나은 나라들의 상황을 보여준다. 그런데 각국의 그림이 대체로 올라가는 추세를 보여주는데, 이것은 세계적으로 불평등이 심해지고 있음을 보여준다. 중동과 브라질, 아프리카가 심각한 불평등 상태가 일정하게 유지된 데 반해, 미국과 캐나다, 인도, 중국 같은 나라들은 대체로 불평등이 점점 심해지고 있다.

이 중에서도 가장 극단적으로 불평등이 높아진 나라가 하나 보인다. 바로 러시아다. 이런 나라가 있나 싶을 정도로, 최고 상위 10퍼센트 소득자들의 몫이 1990년까지는 겨우 20퍼센트 초반 정도밖에 되지 않는다. 이것은 당시 자본주의 국가 중 가장 평등하다고 알려진 북유럽의 소득 불평등보다 더 낮은 수준이었다. 소득 분배에 관한 한 세계에서 가장 평등한 나라였다고 불러도 좋다. 그러던 것이 1990년부터 불평등이 급격히 심해지면서 지금은 미국과 비슷한 수준의 불평등을 보여준다. 러시아는 세계에서 가장 평등한 나라 중 하나였지만 지금은 그 반대가 되었다. 짧은 시간 동안 러시아가 이렇게 극단적인 변화를 보인 이유는 무엇일까. 그것은 러시아의 경제개혁 과정에서 해답을 찾을 수 있다.

1990년대 옐친 이후 자본주의 개혁 방향이 소위 마피아 자본주의로 가고, 많은 국영기업들이 민간의 수중으로 넘어갔다. 그 소유권을 둘러싸고 여러 가지 주장들이 나왔다. 광범위하게 노동자들의 소유를 인정하는 방향으로 갔다면 사회주의 체제를 유지하면서도 자본주의에 적응해가면서 새로운 체제로 전환될 수 있었지만 불행하게도 러시아는 그렇게 하지 않았다. 러시아는 아주 나쁜 형태의 자본주의, 마피아 자본주의로 가버렸다. 국영기업의 주식을 민간에 나누어 줬을 때 이것이 광범위하게 소유되지 못하고, 가난하고 살기 힘든 시민들은 대개 단기간에 헐값에 팔아치웠고 이것을 소수의 마피아들, 전직 고위 관료들, KGB 비밀경찰 출신들이 사재기를 해서 사들였다. 그렇게 해서 그들 수중에 거대한 자본이 집중되었고, 지금은 올리가르히^{Oligarch}식 체제, 소수의 과두지배 자본주의라는 아주 부끄러운 자본주의가 되어버렸다. 지금 소련의 노인들 중에는 오히려 과거 공산주의가 더 살기 좋았다고 생각하는, 즉 옛날에 대한 향수를 품고 있는 이들이 꽤 많다고 한다. 자본주의 체제 전환은 불가피했으나 그 방식이 문제였던 것이다.

유럽의 경우에도 불평등은 상승 곡선을 그리고 있다. 세계적으로 불평등이 심해지는 추세를 피할 수 있는 나라는 없다. 지난 30년 동안 불평등이 심해지지 않은 나라는 다섯 손가락 안에 꼽을 수 있을 정도로 극소수다. 그런데 유럽이 불평등이 심해진 것은 맞지만 다른 지역에 비하면 그 정도가 상대적으로 덜하다. 유럽의 힘이라고 할 수 있는데, 그것은 유럽 자본주의의 성격, 특수성에서 오는 현상이다. 이에 대해서는 뒤에서 미국과 유럽을 비교하면서 다시 살펴보기로 하고, 지금까지 이야기한 세계 각국의 소득 상위 10퍼센트가 국민소득의 몇 퍼센트를 가져가는지에 대해 요약해보자.

최고 10퍼센트의 몫이 가장 큰 나라로는 그 숫자가 60퍼센트를 넘는 중동이 있고, 바로 밑에 브라질과 아프리카가 있다. 이들 나라들은 일반적인 패턴과는 다르게 극단적이고 지속적으로 높은 불평등을 장기간 유지하고 있다. 국가의 개입을 최소화하고 시장에 맡기는 영미형 자본주의국가인 미국과 캐나다는 1980년 30퍼센트 중반이었던 것이 2016년에는 47퍼센트까지 올랐다.

러시아는 사회주의에서 자본주의로 전환하는 과정에서 소수에게 자본이 집중되면서 불평등이 급격하게 심화되어 앞으로 험난한 장래가 예상된다. 중국도 비슷한 시기에 자본주의로 전환했다. 아직까지 형식상 사회주의를 표방하고는 있지만 실질적으로는 자본주의화했다고 볼 수 있다. 중국은 2016년 41퍼센트로 러시아와 미국보다는 평등한 것으로 보이지만, 중국의 통계는 그 정확성과 신뢰성에 문제가 있다는 지적이 많다. 특히 미국이나 유럽 경제학자들은 중국 통계에 대해 신뢰를 보이지 않는데, 내가 만난 중국 경제학자들도 중국의 소득 불평등이 실제로는 정부 발표보다 훨씬 더 크고 심각하다고 이야기하는 것을 여러 번 들었다. 유럽의 경우에는 불평등이 심해진 것은 맞지만 영미형 국가들에 비해서는 현격한 차이가 있다. 유럽은 아직은 복지자본주의의 모습을 유지하려고 노력하고 있음을 알 수 있다.

그럼 좀 더 좁혀서 미국과 유럽의 대비를 통해 서로 다른 자본주의 체제에서 불평등이 어떻게 나타나는지를 한번 살펴보도록 하자. 〈도표 15〉는 미국에서 지난 30여 년 동안 불평등이 어떻게 변동해왔는지를 보여주는 그래프다. 아주 극단적으로 X자 모양으로 나타나는데, '파란색 그래프'가 소득 하위 50퍼센트의 몫이다. 레이건 대통령이 당선되던 해인 1980년에는 소득 하위 50퍼센트 집단이 국민소득의 21퍼센트 정도를 가져갔다. 이 값은 그 뒤 일관되게 하향 곡선을 그리다 2015년에는 13퍼센트까지 떨어졌다. 반대로 소득 상위 1퍼센트에 해당하는 최고 부자들의 소득 몫은 1980년에 11퍼센트 정도였는데 그 뒤 계속 올라서 최근에는 20퍼센트를 넘어섰다. 다시 말하면 35년 만에 부자들의 몫이 거의 두 배로 불어난 것인데, 거의 불가능할 것 같은 일이 현실로 벌어졌다. 이런 숫자만 봐도 미국의 불평등이 얼마나 심해졌는지 알 수 있고, 미국은 '부익부 빈익빈'이라는 말이 딱 들어맞는 나라라고 할 수 있다.

소득의 절대액이 두 배가 되는 것은 시간이 지나면 충분히 가능하고 조금도 놀랄 일이 아니다. 그러나 소득 몫이 두 배가 된다는 것은 상전벽해와 같은 변화다. 뒤집어 이야기하면 그만큼 소득 하위층의 몫이 줄었다는 뜻으로, 미국이 그동안 얼마나 불평등이 심해졌는지를 극적으로 보여주는 그래프다. 미국이라는 나라를 이야기할 때 흔히 두 개의 미국Two Americas이 있다는 말을 쓴다. 잘사는 미국과 가난한 미국은 극과 극이다. 수영장을 갖춘 화려한 저택을 가

소득 하위 50%

소득 상위 1%

출처 : WID.월드(2017)

진 부자들이 있는가 하면, 끼니도 잇기 어려운 사람들이 방대하게 존재하는 그런 나라가 미국이다. 2019년 개봉한 영화 〈조커〉는 미국의 양극화를 극명하게 보여준다.

미국의 불평등이 워낙 심해지다 보니 최근에는 신도금시대^{New} $^{Gilded\ Age}$라는 말이 나온다. 19세기 후반처럼 빈부격차가 엄청나게 커지고 부익부 빈익빈 현상이 심각하다는 뜻이다. 19세기 후반에는 카네기나 록펠러 같은 신흥 부자들이 사업을 눈부시게 확장하여 천문학적인 부를 축적했다. 돈을 너무 많이 벌어서 자신이 얼마나 벌었는지 계산이 불가능할 정도였던 반면, 가난한 사람들은 하루하루 살아가기가 어려웠다. 이때 기업가들이 법과 도덕을 무시하고 수단과 방법을 가리지 않고 반칙과 일탈을 거듭하면서 돈을 끌어모았기 때문에 이들 졸부들을 '강도남작robber barons'이라 부르고 그런 시대를 '도금시대'라고 불렀다. 도금시대라는 말은 청소년 필독 소설인 『톰 소여의 모험』, 『허클베리 핀의 모험』을 쓴 마크 트웨인이 붙인 이름이다. 마크 트웨인은 재치와 유머가 많아 기발한 표현에 능한 작가였다. 그는 부자와 재벌들은 살찌고 노동자와 서민들은 생존에 허덕이는 19세기 후반의 상황을 노금시대, 금을 처바른 시대라고 표현했다. 그런데 21세기에 와서 많은 사람들이 현재 상황을 신도금시대라고 부르고 있다는 것은 보통 문제가 아니다. 그만큼 100여 년 사이에 소득 불평등의 격변이 있었고, 지금의 불평등이 19세기 후반의 극심한 불평등에 버금간다는 이야기다.

〈도표 15〉가 미국의 극적인 불평등 악화, 양극화를 보여주고 있는 반면에, 유럽은 세계적으로는 동일한 불평등 상승 추세에 있지만 그럼에도 불구하고 불평등의 큰 상승 없이 어느 정도 선방하고 있다. 그것을 보여주는 것이 〈도표 16〉이다.

〈도표 16〉은 미국의 그래프와 마찬가지로 서유럽의 국민소득 중 소득 하위 50퍼센트의 몫과 상위 1퍼센트의 몫을 보여준다. 유럽에서도 하위 50퍼센트의 소득 몫이 하락하고 있는데, 이것은 세계적인 추세다. 그러나 다른 지역과 달리 유럽에서는 그 하락 폭이 크지 않아서 24퍼센트에서 20퍼센트 정도로 소폭 감소에 그치고 있다. 반대로 소득 상위 1퍼센트의 소득 몫을 보면 1980년대 초반 9~10퍼센트였던 것이 2015년에는 12퍼센트로 상승했다. 결국 유럽에서

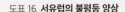

도표 16. 서유럽의 불평등 양상

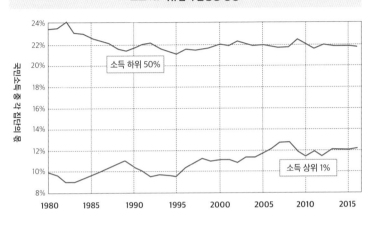

출처: WID.월드(2017)

도 최근 불평등의 심화가 나타난 것은 틀림없는 사실인데, 그 정도가 미국처럼 세상이 완전히 뒤집힌 듯한 극적인 변화는 아니고 완만한 변화가 있었다고 할 수 있다. 왜 이런 차이를 보일까? 미국은 아주 극단적인 불평등의 심화를 보인 반면 유럽은 약간의 후퇴에 그치고 있는 이유가 무엇일까?

미국과 유럽은 크게 보면 세계 자본주의를 이끌어가는 양대 세력이다. GDP, 국민소득의 크기에서는 큰 차이가 없지만 자본주의의 성격에서는 판이한 차이가 있다. 미국은 철저하게 시장에 맡기는 시장 중심의 자본주의다. 시장근본주의라고도 하고 시장만능주의, 자유시장주의, 자유경쟁 자본주의, 앵글로색슨형 자본주의, 또는 월가 자본주의, 주주 자본주의라고도 불린다. 국가의 개입을 최소화하고 웬만한 건 시장에 맡기니 소득 불평등이 크게 나타나는 경향이 있다. 시장은 강자에게 절대적으로 유리하기 때문에 부자들이 돈을 벌기가 쉬운 반면 약자들은 살아가기가 어려운 그런 자본주의 형태가 미국 자본주의다.

유럽은 그렇지 않다. 유럽의 자본주의는 조정된 자본주의, 수정된 자본주의, 복지자본주의로 불린다. 국가가 시장에 개입을 많이 하고 세금을 많이 거두어들여 적극적인 경제활동을 벌인다. 100년 전인 20세기 초까지는 모든 자본주의 국가들이 국민소득의 10퍼센트 정도를 세금으로 거두었는데, 그 뒤 100년 동안 세금 규모가 계속 커져갔다. 특히 누진소득세의 증가에 따라 크게 증가해서 지금은 영미형 국가가 국민소득의 대략 30퍼센트, 유럽이 40퍼센트, 북유럽이 50퍼센트 정도를 세금으로 거둔다. 이것이 미국과 유럽의 차이고, 특히 북유럽은 세금을 거둬 복지를 위해 많이 쓴다. 그렇게 하니 빈부격차가 줄어들고, 세계적으로 불평등 추세에 있긴 하지만 여러 가지 사회보장제도와 복지제도 등 완충작용을 통해 커다란 불평등 상승 없이 이 정도로 버틸 수 있는 것이다.

미국은 이런 완충작용을 포기하거나 아주 최소화해 '지각 복지국가' 또는 '복지 기피 국가'라는 별명을 갖고 있다. 국가가 나서서 시장에 대한 완충작용을 하지 않기 때문에 시장의 힘이 그대로 노출되고, 그러다 보니 약자와 강자, 부자와 가난한 사람 사이의 격차가 극대화되었다. 그래서 많은 경제학자들이 불평등이 너무 심해져서 이제 위험한 상황에 도달한 것 아니냐, 불평등이 너무 심하면 오히려 성장을 해칠 수 있다는 우려를 제기하기에 이르렀다. 특히 이런 주장은 종래에 보수적이라고 불리던 국제기구들, IMF 세계은행, 심지어 세계경제포럼(다보스포럼)에서조차 나오고 있다.

현재 불평등은 세계적으로 대단히 심각한 상황이다. 이 문제의 해결을 위해서는 세계인들이 지혜를 모아야 한다. 불평등에 대한 대처 방법에서 유럽과 미국은 상당한 차이가 있고, 우리는 유럽 쪽의 해법에 좀 더 관심을 기울일 필요가 있다.『세계불평등보고서 2018』은 여러 가지 중요한 점을 시사한다. 이런 문제의식과 해법은 앞으로 한국의 불평등 문제를 해결하는 데도 크게 도움이 될 것이다.

06

불평등은 정당한가

지금까지 피케티의 『21세기 자본』과 『세계불평등보고서 2018』에 대해 살펴봤다. 이제부터는 『자본과 이데올로기』에 대해 이야기할 차례다. 이 책은 1,300쪽이 넘는 아주 두꺼운 책이다. 2019년에 프랑스에서 출간되었고 2020년에 한국에서 번역되어 나왔다. 이 책의 주제 역시 불평등이지만 앞 책들과 두 가지 점에서 차이가 있다.

하나는 『21세기 자본』이라는 첫 책이 주로 서구를 분석 대상으로 했다면, 이번 책은 세계 전체를 분석 대상으로 한다는 점이다. 즉 선진국뿐만 아니라 후진국과 식민지까지 포함하는 전 지구를 분석 대상으로 삼고 있다. 그리고 다른 하나는 이전 책이 주로 경제학을 중심으로 접근했다면, 이번 책은 정치와 이데올로기를 크게 강조하고 있다. 이러한 점에서 앞의 책들과는 접근 방법이 상당히 다르다. 더불어 앞의 책들에는 통계와 그래프가 많이 등장하지만 이 책은 주로 글로 되어 있다. 역사와 문화, 이데올로기 같은 이야기를 하기 때문에 상당히 인문학적이라는 특징이 있다.

그러면『자본과 이데올로기』의 주요 내용을 살펴보자. 이 책에서 피케티는 지금까지 인류 역사는 불평등 체제의 역사라고 말한다. 불평등 체제는 소수의 지배계급이 다수의 피지배계급을 억압하고 착취하는 체제를 말한다. 그런데 소수가 다수를 착취하려면 당연히 불만이 나올 수밖에 없고, 그 불만을 잠재우기 위해 지배계급은 끊임없이 그 불만을 예방하는 조치를 취하게 된다. 그것을 피케티는 '이데올로기'라고 부른다. 그래서 인류 역사는 불평등 체제의 역사이고, 그 불평등을 정당화·합리화하고, 피억압 민중의 불만을 예방하거나 무력화할 수 있는 이데올로기를 가지고 있다고 보는 것이다. 그래서 '자본과 이데올로기'라는 독특한 책 제목을 가지게 되었다.

이 책은 고대부터 최근에 이르기까지 여러 불평등 체제에 대해 설명한다. 가장 고전적이고 가장 오래된, 그리고 가장 많은 사회에서 공통적으로 발견되는 보편적인 불평등 체제로서 삼원사회三元社會, the tri-partite society에 대해 이야기한다. 삼원사회는 3개의 계급, 즉 사제와 귀족과 평민이 그 사회의 주축을 이루고 있는 체제를 말한다. 사제와 귀족이 지배계급으로서 권력과 재산과 명예를 독점하는 반면, 인구의 대다수를 차지하는 평민은 끊임없이 노동에 종사하면서 세금도 거의 전담하다시피 한다. 이런 사회를 삼원사회라고 하는데, 이런 체제를 가진 나라는 여러 대륙, 여러 나라에서 공통적으로 발견된다.

삼원사회에서 사제는 종교를 통해 평민들에게 지식 전파와 설교를 담당하는데, 그러면서 수행하는 중요한 역할의 하나는 불평등을 합리화하다는 것이다. 즉 사제는 불평등을 합리화하는 이데올로기를 담당하는 계급이다. 둘째로 전쟁 기술자이기도 한 귀족은 끊임없이 전쟁을 일으켜 영토를 확보하고 인구를 늘리는 역할을 한다. 평민은 노동과 세금을 전담하는 계급이다. 농업사회에서는 토지를 누가 소유하고 있느냐가 대단히 중요한데, 사제와 귀족이 토지를 몽땅 소유하고 있고, 농민들은 토지를 소유할 수 없었다.

삼원사회는 이처럼 불평등하고 불공정한 체제였다. 그러니까 이와 같이 착취적이고 비정상적인 체제를 합리화, 정당화하기 위해서는 어떤 비상한 이데올로기가 필요했다. 농민의 입장에서는 토지를 소유하지 못하고 1년 내내 농사를 짓는 중노동을 담당해야 하고, 무거운 소작료에 덧붙여 세금까지 부담해야 했으니 허리가 휠 수밖에 없었다. 이런 체제는 기본적으로 지속 불가능했고, 언젠가는 내부 모순이 폭발할 수밖에 없었다. 삼원사회에 내재하는 거대한 불평등이 드디어 폭발한 극적인 사건으로 프랑스혁명을 들 수 있다.

2
삼원사회의
불평등

프랑스혁명은 삼원사회가 지닌 불평등과 불공정이 누적되어오다가 드디어 폭발한 사건이다. 토지 소유는 못 하고, 노동과 세금의 부담만 오롯이 지고 있던 농민들의 불만이 부글부글 끓어오르자 지배계급은 처음에는 이를 적당히 억누르고 지나가려는 속셈으로 얄팍한 수법을 썼다. 1614년 이후 한 번도 소집하지 않았던 유명무실한 삼부회의, 즉 귀족, 사제, 평민 대표자 회의를 개최한 것이다. 이 회의는 세 신분이 숫자에 관계 없이 똑같이 한 표를 행사하므로 어차피 평민은 2:1로 지게 되어 있었다. 이 회의에서 교묘한 미봉책을 써서 농민들의 분노를 무마하고 지나가려 했지만 그러한 시도는 실패로 돌아갔다.

결국 1789년 7월 14일 프랑스혁명이 일어났다. 이날 성난 군중은 무기고를 습격해 다량의 총과 대포를 획득하고는 화약이 많다고 알려진 바스티유 감옥을 습격했다. 당시 바스티유는 왕의 폭정과 압제를 상징하는 곳으로 불법 투옥과 고문이 자행된다는 소문이 자자한 악명 높은 감옥이었으므로 혁명의 타격 대상으로 적절했다. 그러나 막상 감옥 문을 부수고 들어가 보니 죄수는 7명밖에 없었고, 그것도 죄질이 나쁜 죄수들뿐이었다고 하니 다소 허탈한 결과였다. 어쨌든 혁명의 횃불은 높이 타올랐고, 혁명은 '호랑이의 등을 올라탄 것과 같은 기세騎虎之勢'로 진행되었다. 그 뒤 여러 급진파들과 보수파들의 대립과 갈등, 정치적 보복과 숙청, 나폴레옹의

1789년
바스티유 감옥 습격.

등장과 반혁명 등 파란만장한 역사가 이어진다.

　프랑스혁명 당시 처형 기구였던 기요틴^{guillotine}은 의사 출신인 기요틴 의원이 발명했다고 한다. 기요틴은 처형당하는 사형수의 고통을 줄여준다는 나름 좋은 취지로 처형 기구를 발명했지만 정작 처형당하는 사람의 입장에서는 엄청나게 공포스러웠을 것이다. 나중에는 기요틴 또한 자신의 발명품으로 처형당했으니 얼마나 기가 막히는 일인가. 루이 16세와 왕비 마리 앙투아네트*는 1791년 6월 20일 몰래 마차를 준비해 왕궁 탈출을 기도했다가 체포되어

프랑스혁명 당시
처형 기구였던 기요틴
(단두대).

붙들려 왔다. 그 뒤 루이 16세가 오스트리아 왕에게 프랑스를 침공
해달라는 비밀 편지를 쓴 것이 발각되어 1793년 1월 루이 16세 사
형 안건이 의회에 찬반 투표로 붙여졌는데, 387 대 334라는 근소
한 차이로 통과되는 바람에 기요틴으로 처형되었고, 왕비 마리 앙
투아네트도 얼마 뒤 남편과 같은 운명을 맞았다.

　기요틴은 내가 젊었을 때 읽었던 찰스 디킨스Charles Dickens의 『두
도시 이야기A Tale of Two Cities, 1859』라는 소설이 생각나게 한다. 프랑스

* 마리 앙투아네트는 사치와 방탕의 대명사로 알려져 있다. 백성들이 빵이 없어 굶주린다
　는 이야기를 듣고는 "빵이 없으면 케이크를 먹으면 될텐데……"라는 철없는 발언을 한
　것으로 유명한데, 실제로 이런 발언을 했는지는 확실하지 않다.

130

혁명 당시 파리와 런던, 두 도시를 무대로 이야기가 펼쳐지는데, 주인공이 기요틴으로 처형되는 장면으로 이야기가 끝이 난다. 내가 이 소설을 읽은 것은 20대 초반 대학 시절이었는데, 읽고 난 후 충격이 너무 커서 책을 덮고 난 뒤에도 좀처럼 잠을 못 이루고 마당을 서성거리며 밤을 꼬박 새웠던 기억이 있다. 이 소설은 젊은 나에게 역사관, 세계관을 형성하는 데 큰 영향을 주었다. 아직 읽지 않은 이들에게는 꼭 일독을 권하고 싶은 소설이다.

삼원사회가 얼마나 불평등했는지는 영국의 예에서도 여실히 드러난다. 1880년대 영국의 토지 소유 상황을 보면 전국 토지의 80퍼센트를 인구의 0.1퍼센트가 소유하고 있었다. 그중 40퍼센트를 최상위층인 0.01퍼센트가 소유했으니 토지 소유가 얼마나 소수의 수중에 집중되어 있었는지 알 수 있다.

그럼 삼원사회 지배계급의 규모, 즉 사제와 귀족의 숫자는 어느 정도였을까? 당시 사제는 대체로 인구의 3~3.5퍼센트 정도를 차지하고 있었다. 귀족의 경우는 나라에 따라 다소 차이가 있는데, 귀족의 숫자가 적은 영국, 프랑스, 스웨덴에서는 1~2퍼센트 정도였고, 귀족이 비교적 많았던 스페인, 폴란드, 헝가리에서는 5~8퍼센트 정도였다. 그래서 사제와 귀족, 즉 1신분과 2신분을 합한 두 지배계급 규모는 대체로 인구의 5~10퍼센트 정도였다. 그리고 나머지, 인구의 90퍼센트 이상은 평민 또는 농민이었다. 즉 생산자 계급은 90퍼센트 이상이고 생산을 담당하지 않는 지배계급은 10퍼센트 이하였다. 9할의 평민이 1할에 불과한 귀족과 사제를 부양하는 구조였지만, 재산 소유 구조는 정반대로 소수에 불과한 지배계급이 전국 토지의 대부분을 소유하고 있었던 것이다.

조선 시대의 불평등도 이와 비슷하다. 조선 시대 양반과 상민, 또는 지배계급과 농민의 인구 수를 살펴보면 신분 구성을 어느 정도 가늠할 수 있다. 조선 시대 초기, 그러니까 태조, 태종, 세종 시대에는 양반이 불과 4~5퍼센트 정도였던 것으로 추정되는데, 조선 시대 후기로 갈수록 신분 질서가 급격히 무너지면서 돈을 주고 신분을 사고파는 현상이 일어났다. 그렇게 양반의 수가 늘어나면서 조선 후기에는 인구의 40퍼센트 이상이 양반 신분이 되었다. 인구의 60퍼센트가 나머지 40퍼센트의 유한계급을 부양해야 했으니, 조선시대 후기의 불평등 구조는 유럽의 9 대 1 수준을 훨씬 능가하는 심각한 양상이었다. 이러한 체제는 근본적으로 오래 유지될 수 없다.

3
노예제사회

역사적으로 보면 노예제사회라고 불릴 만한 나라는 그다지 많지 않았다. 부분적으로 노예를 두고 있는 사회는 다수 존재했지만 노예제도를 중심으로 유지되는 노예제사회는 역사상 소수에 불과했다. 예를 들면 아테네가 그런 노예제사회였다. 아테네에는 노예 20만 명, 시민 20만 명이 살고 있었다. 아테네의 20만 명의 노예 가운데 우리에게 『이솝 우화』의 작가로 잘 알려진 이솝^{Aesop}이 있었다. 이솝은 노예 출신이었다. 또 로마 시대에는 노예가 100만 명, 시민이 100만 명 정도였으니 아테네와 마찬가지로 노예와 시민의 인구 비율이 50 대 50을 유지하고 있었다.

노예제사회 중 다른 나라를 살펴보면, 미국 남부나 브라질, 서인도제도에는 인구의 3~5할 정도가 노예였다고 한다. 그중에는 예외적으로 노예가 많았던 나라도 있었는데, 중남미에 위치한 작고 가난한 섬나라 아이티(생도맹그)가 그러했다. 아이티는 전체 인구의 90퍼센트가 노예였다. 1500년부터 1900년까지 아프리카에서 흑인 노예 총 3,000만여 명이 강제로 끌려갔다. 그 과정에서 지옥선이라고 불리는 노예선slave ships에서 많은 흑인 노예들이 음식과 물도 제대로 섭취하지 못한 채 병들어 죽거나 채찍에 맞아 죽었다. 강제로 끌려간 노예들의 행선지를 보면 3분의 2는 미대륙으로, 3분의 1은 인도양 쪽으로 갔다. 400년 동안 벌어진 흑인 노예에 대한 무한 약탈에 대해 백인들은 엄중한 역사적 책임을 피할 수 없다.

미국의 노예제를 살펴보자. 미국은 초기부터 남부의 면화 농장에서 수많은 흑인 노예를 부리고 있었다. 면화 산업이 중심이었던 남부에서는 농장에 거주하며 노동력을 제공할 노예가 절대적으로 필요했던 반면, 상공업이 발달한 북부에서는 저임금 노동자가 절실히 필요했다. 그리고 남부는 면화 수출을 위해 자유무역과 관세

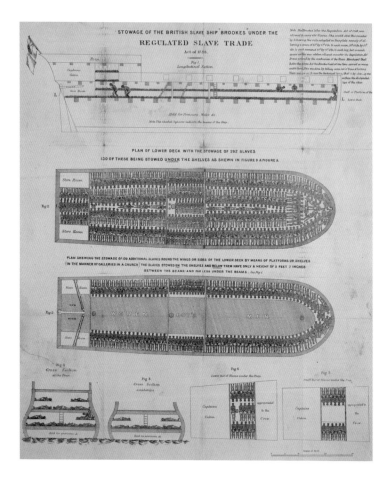

영국 노예무역선은 미국을 비롯한 서인도제도와 브라질 등으로 아프리카 흑인들을 실어 날랐다. 배 한 척에 400~500명을 싣기도 했는데, 한 명당 가로 130센티미터, 세로 160센티미터 공간이 할당되었다. 항해 중 사망하는 사람의 비율이 20퍼센트나 되었다.

철폐가 관건이었고, 북부는 유럽 공산품과의 경쟁에서 살아남기 위해 고율의 관세와 보호무역이 필요했다. 이 때문에 노예제를 폐지하느냐 마느냐를 놓고 남부와 북부의 이해관계가 근본적으로 상충되었고, 결국 남북전쟁이 일어났다. 남북전쟁은 1861년에 일어나 1865년에 끝난 4년간의 전쟁이었다. 전쟁 발발 바로 전해인 1860년 당시 미국에는 흑인 노예가 400만 명이 있었다고 한다.

나는 오래전 펜실베이니아 게티즈버그에 가본 적이 있다. 게티즈버그 전투는 남북전쟁 최후의 승부처였고, 가장 치열한 전투가 벌어졌던 전장이었다. 게티즈버그의 황량한 벌판에서 5만 1,000여 명의 젊은이들이 죽거나 다쳤다. 그 수많은 원혼을 달래는 추모행사에 예상을 깨고 링컨 대통령이 참석해 짤막한 연설을 했는데, 그것이 유명한 "국민의, 국민에 의한, 국민을 위한 정부"라는 역사에 남은 명연설이다. 남북전쟁 내내 승승장구하던 남군의 로버트 리 장군은 게티즈버그 전투에서 결정적 패배를 맞았다. 사실 리 장군은 노예제를 반대하는 사람이었지만 고향에 대한 사랑 때문에 북군 사령관을 맡아달라는 링컨의 제의를 거절하고 남군 사령관을 맡았던 사람이다. 그는 고매한 인품과 탁월한 전술, 전략으로 온 국민의 존경을 한 몸에 받고 있던 군인이었다(지금도 미국 남부에 가면 리 장군의 동상이 도처에 있다고 한다). 4년간의 남북전쟁에서 희생된 전사자는 60만명이 넘는다. 그 숫자가 어느 정도냐 하면 미국이 참전했던 제1차, 제2차 세계대전과 한국전쟁, 베트남전쟁, 이 네 전쟁에서 전사한 미군의 합계보다 더 많다. 그만큼 남북전쟁의 피해는 막대했다.

영화 〈바람과 함께 사라지다Gone with the Wind〉는 남북전쟁을 배경으로 하고 있다. 명배우 클라크 게이블과 비비안 리가 주연한 이 영화는 아카데미상 9개 부문을 수상하며 세계적인 명작 반열에 올랐다. 하지만 원작 소설부터 인종 차별적인 내용과 노예제도에 대한 포용적인 시선이 문제가 되었고, 영화는 이 부분을 많이 바꿨다고는 하지만 비판은 여전하다. 스칼렛의 하녀 역할을 맡았던 해티 맥대니얼은 아프리카계 미국인 최초로 아카데미 여우조연상을 수상했지만, 흑인이라는 이유로 시상식에 초대받지도 못했다. 이후 지금까지 흑인이 아카데미상을 수상하는 경우는 극히 드물었다. 미국의 뿌리 깊은 인종차별은 2020년 미네소타에서 벌어진 조지 플로이드 사망 사건으로 이어졌고 세계적으로 인종차별에 항의하는 시위가 확산되었다. 이를 계기로 영화 〈바람과 함께 사라지다〉에 대해서도 새로운 비판이 제기되기도 했다.

미국의 노예제가 얼마나 광범위하고 보편적인지를 보여주는 흥미로운 사실이 하나 있다. 미국 건국 초기 5명의 대통령, 그러니까 초대 워싱턴부터 시작해서 애덤스, 제퍼슨, 메디슨, 먼로까지, 이 중에 매사추세츠 출신이었던 존 애덤스 제2대 대통령을 제외하고 나머지 4명은 모두 버지니아주의 노예주였다. 마운트버넌에 살았던 워싱턴은 대농장을 소유한 지주로서 수백 명의 노예를 부렸다. 제퍼슨도 마찬가지였다. 워싱턴은 미국 건국의 아버지라 불린다. 제퍼슨은 미국 민주주의 아버지이자 미국 헌법의 기초자라고 불리며, 미국 헌법은 소중한 민주적 가치와 인권 의식을 담고 있지만, 헌법의 제정자들이 실제 수많은 노예를 부리며 살았으니 엄청난 모순이며 역사적 아이러니라 하지 않을 수 없다. 제16대 대통령이었던 링컨 이전의 대통령 15명 중 11명이 노예주였다. 미국 역사상 가장 존경받는 정치인인 링컨 역시 노예제를 찬성했다가 나중에 입장을 바꾸었다. 그는 노예제 문제를 놓고 끊임없이 고민을 거듭했는데, 링컨이 노예제 폐지에 선뜻 찬성하지 않은 이유는 연방이 해체될까 봐 두려워서였다. 그는 남북전쟁도 노예를 해방시키기 위한 전쟁이 아니라 연방을 유지하기 위한 전쟁이라고 밝힌 바 있다.

1619년 버지니아 해안에 노예선이 처음 들어온 이후 흑인 노예들은 미국 남부 곳곳으로 팔려 갔다. 이들은 목화와 담배를 재배하는 대규모 농장에서 강제로 노동력을 착취당했고, 이를 통해 남부는 경제 발전을 이루었다. 고향과 가족을 잃은 흑인 노예들은 부를 축적해 파티를 즐기는 노예주를 위해 집안일을 하고 농사를 지어야 했다. 그때 나온 노래 중에 〈내 고향으로 날 보내주Carry me back to old Virginny〉라는 민요가 있다. 시인 윤동주도 일본 유학 시절에 고향 용정을 그리면서 〈아리랑〉, 〈도라지〉와 더불어 이 노래를 즐겨 불렀다고 한다.

19세기 들어 결국 노예제는 폐지되기 시작했다. 영국과 프랑스, 스페인 등은 법을 바꾸었고, 미국은 60만 명을 희생시킨 남북전쟁을 통해 노예제가 폐지되었다. 공식적으로는 남북전쟁이 끝난 뒤인 1865년 수정헌법이 의회에서 통과되어 노예제가 폐지되었지만, 흑인에 대한 차별적 제도는 금방 사라지지 않았다. 더욱 아이러니한 점은 노예 해방의 대가로 노예가 아니라 노예 소유주에게 거액의 배상금이 주어졌다는 것이다. 링컨은 전쟁 중이었던 1863년 노예 해방을 선포하고 흑인 20만 명의 참전을 끌어냈다. 이때 노예를 입대시킨 소유주들에게 배상금을 지불하는 노예해방 보상제를 실시했다. 영국에서는 이보다 앞선 1834년에 노예제를 폐지하고 20만여 명에 달하는 노예를 해방한다고 발표하면서, 노예 소유주들에게 거액의 배상금을 지불했다.

1791년 아이티혁명이 발발했을 때 아이티의 인구는 흑인 노예가 90퍼센트, 백인 농장주와 가족들이 5퍼센트, 자유 흑인 5퍼센트로 구성되어 있었다. 프랑스혁명이 도화선이 되어 일어난 아이티혁명으로 1804년 독립을 선언하게 되었지만, 아이티는 지난 2세기 동안 세계에서 가장 가난하고 소득성장률이 가장 낮은 나라로 남아 있다. 그 원인은 단일작물mono-culture을 재배했고 군사독재와 쿠데타가 반복되었기 때문이라는 등 여러 주장이 있지만, 뭐니 뭐니 해도 가장 큰 이유는 식민지 역사에 있다. 아이티는 오랜 식민지를 벗어나 신생 독립국가로 겨우 첫발을 내디뎠지만 프랑스가 노예 소유주에 대한 거액의 배상금을 요구하면서 100년 넘게 국민소득의 5퍼센트 이상을 배상금으로 뜯어가는 바람에 제대로 경제 발전이 이루어질 수 없었다.

유럽 식민화 정책은 크게 두 시기로 구분할 수 있다. 1차 시기는 콜럼버스가 아메리카 대륙을 '발견'하고 스페인이나 포르투갈, 영국, 프랑스 등 유럽에서 인도와 중국으로 향하는 항로를 개척한 1500년 무렵부터 노예무역과 노예제도가 폐지되기 시작하는 1850년 무렵까지다. 이 시기는 군사적 정복을 통한 수탈이 목적이었고, 이에 따라 학살과 폭력, 강제노동이 자행되었다. 콜럼버스나 스페인 정복자 코르테스의 행적이 흔히 위인 전기에 기록되어 있지만, 이에 대한 보다 객관적이고 비판적인 시선이 필요하다. 남미 토착민의 관점에서 보면 이들은 도저히 인간이라고 부를 수 없을 정도로 무자비한 정복자, 약탈자, 사기꾼에 불과하다. 이들 정복자들과 유럽의 식민 제국들에 의해 무수히 많은 토착민이 희생당했다. 멕시코의 경우에는 1520년에 1,500~2,000만 명이었던 토착민의 수가 학살과 전염병 등으로 인해 1600년 무렵에는 200만 명 이하로 줄어들었다. 2차 식민화 시기는 1850년부터 1960년 사이인데, 과거에 비하면 보다 유연하고 덜 폭력적이지만, 좀 더 교묘한 방식으로 경제적 수탈과 극단적인 불평등이 이어졌던 시기다. 영국의 오랜 식민지였던 인도에는 3억 명 이상의 인구가 있었고, 이들을 지배한 영국인은 20만 명을 넘지 않았다.

4
인도의
카스트제도

인도는 2,000년 전부터 네 개의 계급으로 이루어진 사회다. 실제로는 네 개의 기본 계급 이외에 몇 백 개의 신분, 카스트가 있었다고 한다. 맨 상위에 위치한 브라만은 사제 집단, 학자 집단이다. 그다음이 크샤트리아로 전사 계급이고, 왕은 크샤트리아에서 배출된다. 브라만은 정신적으로 지배를 하는 계급이고, 현실적으로 지배를 하는 계급은 크샤트리아인 것이다. 그 밑에 위치한 바이샤는 농·공·상업에 종사하는 생산 계급이고, 수드라는 바이샤를 도와주는 하층 계급이다. 그리고 달리트 계급 혹은 불가촉천민不可觸賤民, The Untouchables이 수드라 밑에 위치한다.

이러한 신분제도는 20세기 이후에 전면 폐지되었다. 그러나 법적으로 폐지되기는 했지만 여전히 과거의 잔재가 남아 영향을 미치고 있다. 4개의 신분 아래에 있는 불가촉천민이 여전히 인구의 25퍼센트나 되고, 주로 도축업, 피혁업에 종사하고 있다. 1920년대까지도 인도에서는 '불가촉천민 입장 불가'라고 쓴 팻말을 이발소나 식당에서 볼 수 있었다고 한다. 1960년대 런던이나 미국에서도 가게 앞에 유색인종과 개의 출입을 금한다는 팻말을 버젓이 걸어놓았던 것을 연상시킨다.

이제는 모든 나라가 노예제로부터 해방되었다. 그러나 아직도 미국, 남아프리카공화국 그리고 인도 같은 나라에서는 노예제의 유

1966년 런던의 한 식당에 '아일랜드 사람과 흑인과 개는 출입 금지(No Irish No Blacks No dogs)'라고 쓰인 팻말이 붙어 있다.

산이 그대로 남아 있어서 근본적으로 불평등이 해소되지 않고 있다. 그래서 흑인과 백인 또는 카스트 사이의 불평등은 여전히 심각한 수준이고 인종 간, 신분 간에는 넘을 수 없는 벽이 존재한다. 이 문제의 근본적인 해결을 위해서는 부의 불평등 문제를 다루어야 한다. 미국이나 남아프리카, 인도 등은 어느 정도 개혁은 했지만 부의 불평등을 축소하는 근본적인 개혁에까지는 이르지 못했기 때문에 이런 차별과 불평등이 계속되고 있다. 언제 폭발할지 모르는 시한폭탄과 같이 차별과 불평등이 잠재된 상황이라고 할 수 있다. 결국 관건은 재산과 토지의 불평등을 어떻게 해소하느냐에 있다. 여기에 많은 나라들이 좀 더 적극적인 자세를 가져야 한다.

2020년 5월 25일 미국 미네소타에서 조지 플로이드 사망 사건이

경찰의 과잉 진압에 의해 사망한 조지 플로이드 사건 이후 인종 차별 반대 시위가 이어졌다.

발생했다. 백인 경찰의 과잉 진압으로 비무장 상태의 아프리카계 미국인 조지 플로이드가 체포 도중 질식사한 사건이다. 당시 편의점에서 위조된 20달러짜리 지폐가 사용되었다는 신고를 받고 출동한 백인 경찰 데릭 쇼빈은 혐의자를 체포하는 과정에서 플로이드의 목을 무릎으로 8분 46초 동안 짓눌러 결국 사망에 이르게 했다. 이런 천인공노할 잔인한 만행 이후 미국 전역으로 플로이드의 죽음을 애도하고 인종 차별에 반대하는 시위가 자연발생적으로 일어났다. 이러한 불평등과 뿌리 깊은 차별은 미국뿐 아니라 세계 곳곳에서 벌어지고 있다. 역사적으로 오랜 뿌리를 가진 인종적, 신분적 불평등을 해소하고 차별과 혐오를 극복해야 하는 과제가 여전히 인류에게 남아 있다.

07

불평등은 정치적이다

1 **소유자사회의** **도래**	『자본과 이데올로기』는 워낙 여러 나라, 여러 시대에 대해 이야기하기 때문에 그 내용이 엄청나게 방대하다. 우리는 바로 앞 장에서 삼원사회와 노예제 그리고 식민사회라는 세 가지 불평등 체제의 역사에 대해 살펴보

았다. 이번 장에서는 네 번째 불평등 체제에 대해 살펴볼 텐데, 피케티는 그것을 '소유자사회'라고 이름 붙였다.

19세기에 유럽 각국에서 혁명이 일어나면서 사제와 귀족이 몰락했다. 사제와 귀족은 숫자상으로는 거의 사라지다시피 했다. 그리하여 드디어 일하는 사람들의 세상, 공평한 세상이 오는가 했는데 그것이 그리 쉽게 오지 않았다. 자본가라고 하는 새로운 지배계급이 등장한 것이다. 그래서 19세기 이후의 불평등 체제를 피케티는 '소유자사회'라고 이름 붙이는데, 이것은 보통 자본주의 사회라고 이해하면 쉬울 것이다. 이 소유자사회에서도 여전히 큰 불평등이 존재한다. 과거 삼원사회와 노예제 그리고 식민 사회도 불평등했지만, 엄청난 생산력의 발달로 거대한 부가 집적되는 자본주의 사회에서 경제적 불평등은 어떻게 보면 더 커졌다고 할 수 있다. 이런 과도한 불평등을 어떻게 하면 정당화하고 합리화할 것인가 하는 문제가 당연히 발생했다. 그래서 불평등을 정당화하는 새로운 이데올로기가 필요하게 되었는데, 이런 필요에 맞춰 새로 등장한 학설이 예를 들자면 사회진화론, 실력주의, 경쟁지상주의 같은 것들이다.

사회진화론Social Darwinism은 19세기 말에 등장했다. 찰스 다윈Charles Darwin의 진화론은 자연과학에 혁명적 변화를 가져왔을 뿐 아니라 종교와 인문·사회과학에까지 막대한 영향을 미쳤다. 일부 학자들은 찰스 다윈의 적자생존의 원리, 약육강식의 원리를 사회에 적용하면 어떨까 하고 생각했다. 찰스 다윈은 식물과 동물, 자연 현상에 대해서만 이야기했지만, 인문·사회학자들은 그것을 사회에 적용하기 시작한 것이다.

사회진화론을 대표하는 학자로는 영국의 허버트 스펜서Herbert Spencer가 있고, 또 미국의 섬너William Graham Sumner라는 사회학자도 있다. 이들이 중심이 되어서 사회진화론을 주장하기에 이른다. 즉 자연과 마찬가지로 사회에서도 적자생존의 원리가 지배한다는 것이다. 강자가 살아남고 약자는 도태되는 과정을 통해 점점 더 우수한 종이 살아남는 것이 자연의 섭리이므로 이런 진화는 장려해야 하고 막을 필요가 없다는 주장이다. 이런 과정에서 필연적으로 사회적 약자, 낙오자가 발생하는데, 이들을 구태여 보호해줄 필요는 없고, 오히려 이들이 도태되고 강자와 성공하는 사람들이 살아남으면 인류의 종이 점점 더 우수해져서 인류 역사가 발전한다고 보는 것이다. 비정한 학설이다. 비정하지만 어쩔 수 없는 진실일까? 당시에는 통했던 얘기일지 몰라도 이것은 비정할뿐더러 맞지도 않다.

표트르 크로포트킨
Pyotr Kropotkin
(1842~1921)

　　'무정부주의의 황태자'라는 별명을 가지고 있는 러시아의 혁명적 사상가 크로포트킨은 이러한 주장에 반대했다. 그는 혁명가이면서 온화한 성격의 학자였고, 죽을 때까지 수많은 저작을 남겼다. 그가 『상호부조론*Mutual Aid: A Factor of Evolution*』이라는 책을 쓴 중요한 이유는 바로 허버트 스펜서의 사회진화론을 깨뜨리기 위해서였다. 크로포트킨의 주장은 허버트 스펜서와 반대다. 곤충이나 동물, 모든 생물은 서로 협력하면서 살아가는 존재이며, 그래서 인간 사회도 경쟁이 아니라 협력이 우선이라고 주장했다.

　　소유자사회를 옹호하는 또 다른 이데올로기 중에 실력주의 혹은 능력주의, 실적주의라고 불리는 메리토크라시^{Meritocracy}가 있다. 실력주의는 탁월한 능력이나 노력을 통해 성취를 이루는 것이 공평한 체제라고 본다. 언뜻 보기에는 그럴듯하지만, 이것 역시 결함이 있기는 마찬가지다. 사회적 상속이 아닌 실력만으로 성공하는 사회가 이전 사회에 비해 공평하게 보일 수는 있다. 그렇다면 남들보다 나은 실력과 노력은 공평하게 측정할 수 있을까? 실력이 정말 본인의 노력만으로 이루어질까? 집안이나 세력, 인맥, 또는 나이와 성별 등이 작용하지는 않을까? 물론 『21세기 자본』에서 피케티가 말하는 대로 금권주의plutocracy보다는 실력주의가 공평한 것이 사실이다. 금권주의는 부와 계급이 독점적이거나 상속되기 때문에 많은 이들에게 기회조차 주어지지 않는다. 실력주의가 금권주의보다는 나은 면이 있지만, 실력이나 학력이라는 것도 속을 들여다보면 상당 부분 가족 배경이 작용한다. 실패한 사람들은 충분히 노력하지 않았기 때문이라는 근거를 만들어놓고서 남들보다 경쟁력을 갖추고 실력을 가진 사람들에 의한 지배를 정당화한다.(실력주의 논쟁에 대해서는 이 책 말미의 보론 「실력주의와 불평등」을 참고할 것)

소유자사회를 지탱하는 이데올로기 중 또 하나는 경쟁지상주의다. 경쟁에서 살아남은 자가 승리자이고 그렇지 못하면 도태되는 것이 당연하다는 논리다. 1990년대 중반 대기업 삼성은 인류 역사에서 처음으로 달에 착륙한 닐 암스트롱과 처음 대서양 횡단 비행에 성공한 찰스 린드버그 등을 내세우면서 "아무도 2등을 기억하지 않습니다"라는 브랜드 광고를 선보이며, 1등 예찬론을 펼친 적이 있다. 그야말로 경쟁지상주의, 실력주의 철학에 바탕을 둔 비정하고 비인간적인 광고였다. 물론 경쟁은 사람들을 더 열심히 노력하도록 유도하는 장점이 있지만 사회가 지나치게 경쟁지상주의로 흘러

가면 여러 가지 부작용이 나타나고, 결국 좋지 않은 결과를 빚어내게 된다. 어떤 사회라도 그 바탕에 인간애와 동료애, 연대와 공동체 정신이 살아 있을 때 사회가 건강하게 유지되고 발전할 수 있다. 그런 점에서 봤을 때 우리 사회는 어떤가. 어릴 때부터 부모들은 아이들이 시험에서 100점을 받아오기를 원하고 남과의 경쟁을 강조하고 남을 이겨서라도 올라서라고 가르치고 있다.

국제학력평가PISA에서 전통적으로 1등을 자주 차지했던 핀란드의 교실에서는 공부 잘하는 학생이 못하는 학생을 가르치면서 함께 공부한다고 한다. 국제학력평가에서 자주 2등을 차지했던 한국의 교실에서는 학생들이 친구들에게 노트를 빌려주지 않는 극단적 이기주의에 빠져 있다. 과연 아이들의 인성을 기르는 데 어느 쪽이 유리할까? 이렇게 묻는다면 답은 볼 것도 없다. 서점에 가면 처세술을 가르치는 책들이 쫙 깔려 있다. 경쟁에서 무조건 남을 이기고, 한발 앞서서 나아가라는 말은 얼핏 보면 맞는 말처럼 보이지만 그런 사회는 점차 비인간적이고 삭막한 분위기가 되고, 인간관계는 만인의 만인에 대한 투쟁이 되고, 세상은 결국 인간이 살기 힘든 곳이 되어 버린다.

경쟁지상주의의 맹점

경쟁지상주의는 얼핏 보면 사람들을 긴장시키고 열심히 노력하게 만들기 때문에 효율성을 높이고 좋은 성과를 올릴 것처럼 보인다. 이 것을 기업과 교육에서 이야기해보자. 먼저 기업에서 한때 성공신화

잭 웰치 Jack Welch
(1935~2020)

로 유명했던 사람이 잭 웰치 제너럴 일렉트릭General Electric 회장이다. 이 사람은 주주가치 중심 경영으로 높은 명성을 쌓았는데, 세계적 다국적 기업인 제너럴 일렉트릭의 주가를 높이기 위해 주로 사용한 수법이 단호한 구조조정과 감원, 해고였다. 성적이 낮은 직원을 대량 해고하면서 잭 웰치가 기대한 효과는 두 가지였을 것이다. 첫째, 성적이 낮은 직원이 회사를 떠나면 전체 평균 성적이 올라갈 것이다. 둘째, 남은 직원들이 해고를 당

하지 않기 위해 더욱 열심히 일할 것이다. 결과는 어땠을까? 남은 직원들이 더 열심히 일하기를 기대했으나 오히려 생산성이 떨어졌다. 왜냐하면 해고된 동료에 대한 연민, 자기만 살아남은 데 대한 미안함, 수치심이 작용해 남은 직원들은 광범위한 우울증 증세, 알코올 의존, 심지어 자살 시도까지 나타났다. 기대했던 생산성 향상은커녕 오히려 생산성 하락이 나타났다. 잭 웰치의 별명은 '중성자탄 잭Jack, the Neutron Bomb'이었는데, 이것은 회사 건물은 그대로 있고, 그 속의 사람들만 다 죽이는 성질 때문에 붙여졌다.

경쟁지상주의의 또 다른 사례로 성과연봉제를 들 수 있다. 회사에서 직원들의 성적을 평가해 점수화하고, 점수에 따라 연봉에 차등을 두는 제도다. 이 제도 역시 목표는 잭 웰치의 구조조정과 비슷하다. 조직 구성원들을 긴장시키고 더 열심히 일하게 만든다는 것이다. 얼핏 보면 그럴듯한데, 이런 메커니즘은 실제로는 잘 작동하지 않는다. 회사를 '만인의 만인에 대한 투쟁'의 장으로 만들면 인간관계가 소원해지고, 중요한 정보나 기술을 동료에게 전파하지 않고 독식하려는 경향이 나타나기 쉽다. 기회주의가 판을 치고 회사 전체를 위한 행동은 뒷전으로 밀려난다. 그러면 회사 전체로는 생산성 하락, 성과의 후퇴가 필연적이다. 그래서 스탠퍼드대학의 유명한 경영학자 제프리 페퍼Jeffrey Pfeffer는 성과연봉제에 강하게 반대한다. 개인 간의 경쟁에 기초한 성과연봉제는 예를 들어 무거운 짐을 몇 개 운반했느냐에 따라 보상에 차등을 주는 식의 아주 간단한 것이라면 몰라도 보다 복잡한 업무에서는 절대로 해서는 안 된다고 주장한다. 그 대신 그는 팀별로 성과를 평가하고 보상을 달리하는 방식의 집단적 성과연봉제는 찬성한다.

이런 성과연봉제를 잘못 도입한 최근의 예가 한국 대학의 교수들에 적용한 성과연봉제다. 논문 한 편당 점수 몇 점, 강의 한 시간에 몇 점, 봉사활동에 대해서도 몇 점, 이런 식으로 교수들을 평가해 매년 성과연봉제를 적용하고 있는데, 이 제도는 미국 대학의 성과연봉제를 모방해 이명박 정부에서 도입했다. 이 무렵 미국 미시간공대의 한국인 교수 조벽 박사가 전국을 순회 강연하면서 미국 대학의 성과연봉제는 잘못된 것이니 한국에서는 절대로 도입하면 안 된다고 주장했는데, 그의 노력은 헛수고가 되고 말았다. 조벽 교수는 미시간공대에서 강의 잘하는 교수에게 주는 상을 수여한 사람인데, 그가 보기에 교수 성과연봉제는 교수들 사이의 협력을 방해하고 교수들을 각자 연구실에 틀어박혀 논문 쓰는 기계로 전락하게 만드는 제도였다. 그는 그런 문제의 심각성을 지적했던 것이다.

그래도 미국 대학의 평가는 장기적 평가이고 질적인 평가가 이루어지는 데 반해 한국 대학에서 졸속 도입한 성과연봉제는 1년씩 평가하는 극단적 단기 평가인 데다가 질적인 면을 무시하는 조야한 양적 평가여서 문제가 여간 심각하지 않다. 실제로 성과연봉제 도입 이후 교수들 사이에는 논문 쪼개기(한 편 쓸 것을 두 편으로 쪼개면 점수가 2배가 된다), 서로 연구자 이름 올려주기 등 폐단이 속출하고 있다. 독일의 철학자 칸트는 늘그막에 교수가 되어 철학사에 길이 남는 명저를 10년에 한 권씩 썼는데, 칸트가 21세기 한국 대학에 온다면 그는 아예 대학교수로 임용되지 않을 것이고, 임용되더라도 몇 년 못 가 탈락할 것이다. 현재 한국 대학의 성과연봉제는 대학을 무너뜨릴 정도로 심각한 문제를 안고 있다.

2 프랑스의 '아름다운 시대'	소유자사회가 절정에 도달했던 때가 바로 1870년부터 1910년까지의 기간이었다. 프랑 스에서는 문화 예술의 전성기였던 이때를 '아 름다운 시대', '벨 에포크'라고 부른다.

그러나 '아름다운 시대'의 이면에는 세계 각지
를 피로 물들이며 세운 제국주의 식민 시장이 있었고, 착취적 자본
주의에 의해 고통받는 노동자들이 존재했다. 그리고 이 시기는 경
제적으로 불평등이 가장 심했던 시기였다. 아이러니하게도 불평등
이 극대화된 이 시대에 예술 또한 정점에 도달했다. 어떻게 보면 귀
족 사회라는 극단적 불평등과 문화 예술이 꽃피는 것과는 상당한
상관관계가 있을지도 모르겠다. 패션이나 부티크 시장에 프랑스 유
명 브랜드가 많은 이유는 귀족과 부르주아에 의해 사치품 산업이
발달해서라고 이야기하기도 한다. 예를 들어 베토벤이나 모차르트
같은 위대한 작곡가도 대중이 음악을 감상하기 전의 귀족 시대에
살았다. 그들이 창작 활동을 하려면 귀족의 눈에 띄어 인정받고 경
제적으로 지원을 받아야 했다.

'아름다운 시대'라고 불렸던 이 시기가 프랑스에서는 경제적으
로 가장 불평등이 컸다. 피케티가 『21세기 자본』에서 말한 자본/소
득 비율(β)은 이 19세기 말에 6~7 정도까지 올라 정점에 도달했다.
즉 국가의 자본 총량이 국민소득의 6~7배나 되었다는 뜻이다. '아
름다운 시대'는 불평등이 극대화되었던 시대이기도 했다는 점을 기

모차르트와 베토벤

모차르트(1756~1791)는 불과 35년의 짧은 인생을 살았지만 주옥같은 곡을 작곡했고, 지금까지 사랑받는 천재 작곡가다. 그의 천재성을 증명하는 일화로 다음과 같은 전설 같은 이야기가 전해온다. 당시 교황청에 보관된 오래된 악보가 하나 있었는데, 이 악보는 대출은 불가하고 열람만 가능했다고 한다. 그런데 모차르트가 교황청에 가서 이 악보를 쓱 훑어본 뒤 나오더니 일필휘지, 단숨에 전체 악보를 옮겨적었다고 한다.

베토벤(1770~1827)과 모차르트는 딱 한 번 만났다. 모차르트의 명성이 전 유럽에 자자하니 한 수 가르침을 받고자 독일 청년 베토벤이 오스트리아 빈으로 모차르트를 찾아갔다. 31세의 모차르트는 17세의 무명 청년 베토벤을 보고는 피아노를 한 곡 쳐보라고 했다. 베토벤이 연주를 마치자

모차르트가 방에 있던 여러 사람에게 이렇게 말했다. "여러분, 이 청년을 주목하기 바랍니다. 이 청년은 장차 틀림없이 대성할 것이오." 천재는 천재를 알아본다고나 할까.

156

억할 필요가 있다. 이때는 상위 10퍼센트의 부자들이 총 국민소득의 50~60퍼센트를 차지했다.

대공황이 일어난 1929년 미국은 불평등이 정점에 도달했다. 그때 미국의 소득 상위 10퍼센트의 인구가 가져간 몫이 50퍼센트에 달할 정도로 소득 불평등이 너무 심했다. 대량생산으로 재화의 공급은 급격히 증가했지만 중산층과 서민들은 돈이 없어서 물건을 살 수가 없었다. 포드의 자동차 공장에서는 1분에 몇 대씩 자동차가 생산되어 나왔으나 그것을 구매할 대규모 구매력은 존재하지 않았다. 이러한 수요와 공급의 불일치는 결국 대공황으로 이어졌다.

그런데 프랑스는 이보다 불평등이 더욱 심각했다. 아름다운 시대 때 상위 10퍼센트가 국민소득에서 차지하는 몫이 50퍼센트를 넘어서서 60퍼센트까지 이르는 극단적인 불평등의 시대였다. 부의 분배는 이보다 더 심했다. 부의 분배는 원래 소득 분배보다 불평등이 더 크다. 상위 10퍼센트의 인구가 프랑스 총 자산의 80~90퍼센트를 차지했을 정도이니, 대부분의 인구는 거의 아무것도 소유하지 못했다는 뜻이 된다.

3

미국의 도금시대

프랑스의 '아름다운 시대'와 일치하는 때가 미국에서는 '도금시대'였다. 신흥 재벌들이 나타나 짧은 기간 안에 거대한 부를 집적했다. 석유왕 존 D. 록펠러, 철강왕 앤드루 카네기, 금융가 존 피어폰트 모건, 주식과 철도 분야의 제이 굴드 같은 사람이 대표적이다. 이런 사람들을 '강도남작'이라고 불렀다. 이러한 명칭이 붙은 이유는 그들이 부를 이루는 수법이 불법적이고 반칙과 사기를 일삼았기 때문이다. 도덕성은 찾아보기 힘들었다.

이들이 젊은 나이였을 때 미국에서는 남북전쟁이 일어나 많은 젊은이들이 희생되었다. 60만 명 이상이 전사하고 100만 명 이상이 부상당했다. 그런데 이 전쟁에서 신흥 부자인 강도남작들은 거의 군대에 가지 않았다. 사람을 사서 대신 보내는 것이 합법적으로 용인되었다. 록펠러는 300달러를 주고 자기 대신 전쟁에 나갈 사람을 찾아냈고, 본인은 면제받았다. 그는 자기 대신 참전한 사람이 전사했다는 통보를 받고도 눈물 한 방울 흘리지 않았다. 신흥 재벌들 대부분은 남북전쟁 때 돈으로 사람을 사서 보냈고 자기들은 전쟁에서 빠졌다. 이들의 수법은 너무나 부도덕하고 반칙과 불법으로 얼룩졌다. 그래서 강도남작이라는 아름답지 못한 별명을 얻게 된 것이다. 우리도 흔히 졸부라는 말을 쓰지만 강도남작에 비하면 점잖은 표현인 셈이다.

상원의원 존 셔먼.
셔먼 앤티트러스트 법의 주 발의자.

19세기 후반 미국 사회는 무법 천지였고, 행정부와 관료들 그리고 경찰, 군인들 모두 철저히 자본가 편에 서 있었다. 노동자나 사회적 약자 편에 서는 사람은 찾아보기 어려웠다. 법원도 상습적으로 노조에 불리한 판결을 내렸다. 1890년에 셔먼법 Sherman Act이라고 불리는 유명한 독과점 금지법이 통과되었고, 이 법은 역사적으로 큰 진전을 이룬 것으로 평가받고 있다.

그런데 막상 그 법을 사법적으로 적용할 때는 법의 취지와 정반대로 판결 나는 일이 많았다. 당연히 독점 대기업의 횡포를 막는 데 적용되어야 할 셔먼법을 사법부는 대기업 횡포는 눈감아주고 그 대신 노조를 '독점 조직'이라고 정의하면서 불법화하고 처벌하는 데 사용했다. 주객이 전도된 엉터리 판결을 밥 먹듯이 한 것이다.

부의 불평등이 심각한 소유자사회를 견제하기 위한 방법으로 누진소득세의 필요성이 일찍부터 제기되었다. 하지만 실제로 도입된 것은 제1차 세계대전이 일어나면서부터였다. 전쟁 비용을 조달할 목적으로 막대한 재정이 필요했고, 보수파에서도 더 이상 누진소득세를 반대할 수 없어서 마지 못해 도입한 것이다. 바로 그 앞의 시대에는 작은 정부, 일명 야경국가Night-watchman state라고 해서, 국가는 밤에만 순찰을 도는 경찰처럼 최소한의 역할, 즉 국방, 치안, 사법 정도만 수행하고 나머지는 자유경쟁 시장에 맡기는 것이 옳다고 여기는 풍조가 각국에서 지배적이었다. 야경국가를 탈피한 것이 20세기였고, 지난 100년의 역사였다.

20세기에 들어오면서 누진소득세의 도입과 더불어 GDP 중에서 정부 지출의 비중이 급격하게 올라가기 시작했다. 정부 지출이 국민소득에서 차지하는 비중이 종래 10퍼센트를 넘지 못하던 것이 점차 늘어나 지금은 30~50퍼센트까지 올랐다. 대략 그 비율을 보면 영미형 국가는 30퍼센트대, 유럽은 40퍼센트대, 북유럽은 50퍼센트 정도다. 이런 적극적 재정 조치가 소유자사회의 심각한 불평등을 견제하고 완충하는 작용을 했다. 복지국가들은 세금을 많이 거두고, 그 대신 적극적으로 재정 지출을 함으로써 소득 불평등을 줄여갔다. 시장의 불평등은 크지만 정부가 개입해서 세금을 걷고 재

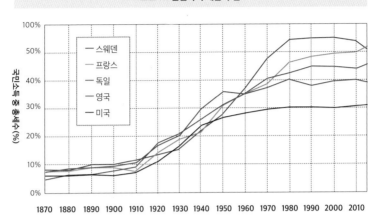

출처 : piketty.pse.ens.fr/ideologie

정 지출을 함으로써 현실의 불평등을 많이 낮출 수 있었다.

특히 스웨덴 같은 나라는 그 차이가 현격하다. 그에 비해 한국은 아직도 세수가 20퍼센트에 불과하고, 따라서 정부가 세수를 많이 거두어 가난한 사람을 위해 쓰는 적극적인 복지국가의 역할을 하지 못하고 있다. 즉 세금과 지출이라는 두 가지 수단을 통해 소득 재분배가 광범위하게 이루어지는 것이 선진 자본주의 국가다. 그래서 소유자사회의 불평등을 완화한다고 말할 수 있다. OECD 국가들은 평균적으로 국가의 재정 개입을 통해 시장의 소득 불평등을 대략 35퍼센트 정도 줄이고 있다. 즉 100이던 불평등을 65 정도로 낮춰주는 역할을 각국의 정부가 하고 있는 것이다.

그러면 우리는 어떨까. 세금을 적게 거두고 지출도 적게 하니 당연히 재분배 효과도 낮을 수밖에 없다. 그래서 우리나라는 재분배 효과가 10퍼센트 정도밖에 되지 않는다. 선진국에서 시장의 불평들을 100에서 65까지 떨어뜨리는데, 우리는 100에서 90 정도로 낮추는 상태에 있는 것이다. 그럼에도 불구하고 우리나라에서는 세금 때문에 못살겠다, 세금이 과중하나, 가렴주구가 심하다는 식의 극단적인 표현이 난무하고 있다.

1920년대 미국에서 하딩, 쿨리지, 후버, 이 3명의 공화당 대통령이 재벌 출신 재무장관 멜런을 임명함으로써 부자 감세와 규제 완화, 친기업 반노조 정책을 펴는 바람에 대공황이 일어났다. 소유자 사회의 불평등이 극에 달했고, 이에 루즈벨트가 공정경쟁 시스템과 복지의 제도화를 골자로 하는 뉴딜정책을 통해 그것을 해소했다. 유럽이 복지국가를 지향하고 있을 때 미국은 사회진화론을 신봉하면서 복지국가로 가는 것을 거부하며 이른바 '복지 기피 국가'로 남아 있다가 대공황이라는 미증유의 위기를 맞으면서 뒤늦게 국가의 방향을 바꾼 것이다. 그렇게 해서 소위 자본주의의 황금시대를 열었고, 그 결과 성장과 분배, 고용이 모두 개선되었다.

그러나 1979년에 대처가 등장하고 그다음 해에 레이건이 대통령이 되면서 1980년대부터 신자유주의 또는 시장만능주의라고 불리는 시대가 펼쳐졌다. 다시 미국의 1920년대와 같은 과거로 돌아가 규제 완화와 부자 감세, 친기업 반노조 정책으로 흘러갔다. 그렇게 해서 상위 10퍼센트의 소득이 대공황 때와 마찬가지로 50퍼센트가 된 2008년에 또다시 공황이 일어났다.

자본주의는 2008년 위기를 거친 뒤 다시 혼란기를 겪고, 조정기에 들어서 있다. 소유자사회를 어떻게 극복하고 불평등을 어떻게 완화할 것인가. 그리고 효율을 높이고 성장을 이루고 일자리를 마련하는 데에서, 지속가능성을 어떻게 확보할 것인가. 자본주의가 시장만능주의로 회귀하는 것은 불가능해 보이고, 새로 닥친 문제를 풀기 위해 끊임없이 변신해야 하는 중요한 고비에 와 있다고 할 수 있다.

08

세습자본주의에 대한 저항

1
인류가 직면한 문제와 해법

『자본과 이데올로기』에서 피케티는 불평등 문제에 대한 새로운 해법을 제시한다. 그는 현재 인류가 직면한 최대 문제로 '불평등'과 '민족'을 꼽는다. 피케티는 불평등 문제는 '재산'이라는 단어로, 민족 문제는 '국경'이라는 단어로 표현한다. 그래서 이 책에서 가장 중심이 되는 키워드는 재산과 국경이다. 재산은 불평등 문제를 상징하고 국경은 민족 문제를 상징한다.『21세기 자본』은 불평등을 집중적으로 다루었는데 이 책에서도 불평등을 줄이기 위한 해법을 새로 제시했다.『21세기 자본』에서 피케티가 제시한 세 가지 해법, 즉 사회국가, 누진소득세 강화 그리고 세계자본세에 대해 다시 한번 간단히 살펴보자.

첫째로 피케티가 제시한 사회국가, 즉 복지국가의 전성시대는 제1, 2차 세계대전 시기와 전후 30년이었다. 전쟁으로 인한 파괴와 피폐함이 있었지만, 자본주의 역사에서 불평등이 가장 작았던 시기이기도 하다. 이때 복지국가의 개입과 정책이 큰 역할을 했다.

둘째로 누진소득세를 도입하자는 것이다. 자본주의 황금시대, 제2차 세계대전 후에 세계 각국에서 누진소득세의 최고 세율은 80퍼센트를 넘었지만 지금은 30~40퍼센트로 반 토막이 나 있다. 이것을 다시 80퍼센트로 높이자는 주장이다. 이 주장은 어떤 면에서 상당히 과격해 보이고 실현 가능성도 낮아 보인다. 그러니 피케티의 주장에도 일리가 있다. 왜냐하면 누진소득세가 80퍼센트를 넘어섰을 때, 예를 들어 미국에서 제일 높았을 때는 97퍼센트까지도 올라간 적이 있는데, 그때 오히려 경제 상황이 가장 좋았다. 분배가 평등했고 성장률이 높았으며 고용도 완전고용 수준이었다. 나무랄 데 없는 경제 운용 성적을 보였는데, 그것도 한두 해가 아니고 30~40년이 지속되었으니 이는 상당히 강력한 실증적 근거라고 할 수 있다.

세 번째가 세계자본세인데, 이것은 피케티의 독창적인 아이디어이다. 어떻게 보면 부유세와 비슷하지만, 부유세는 한 나라가 부과하는 것이고 세계자본세는 세계 어디서나 공통으로 매긴다는 점에서 차이가 있다. 이것은 부자들이 국적을 바꾸어가며 세금을 회피하는 현상을 막아보기 위한 고육지책이다. 피케티가 『21세기 자본』을 출간한 뒤 프랑스 올랑드 정부는 2014년 레지옹 도뇌르^Légion d'Honneur 훈장을 피케티에게 수여하기로 결정했다. 그런데 뜻밖에도 피케티가 훈장 수상을 거부했다. "누가 상을 받을 만한지 결정하는 것은 정부의 역할이 아니다"라며 거부 의사를 밝히고, "정부는 프랑스와 유럽의 경제를 회복하는 데 집중하는 게 낫다"고 지적했다. 피케티는 2006년 프랑스 대선 때 올랑드 사회당 후보의 경제 자문으로 활동했는데, 집권 후 올랑드 정부는 부유층에 대한 누진세 강화 정책을 포기했다. 피케티는 고소득자에게 세율을 높이고 자본의 도피를 막기 위해 세계자본세 도입을 주장했는데, 자신이 지지하고 도움을 준 사회당 정부에 대한 배신감 때문에 수상을 거부한 것으로 사람들은 추측한다.

2 — 불평등 해소를 위한 새 해법

불평등 문제를 해소하기 위해 『21세기 자본』에서 사회국가, 누진소득세 강화, 세계자본세 도입을 들었지만 『자본과 이데올로기』에서는 새로운 해법이 등장한다. 먼저 불평등, 재산 문제 해결을 위해 '참여사회주의'라는 새로운 개념을 제시하고 있고, 또 다른 문제인 민족, 국경 문제의 해결을 위해서는 '사회연방주의'라고 하는 개념을 제시하고 있다. 그러면 피케티가 불평등 문제의 해법으로 제시한 참여사회주의란 무엇일까?

'사회주의'라는 단어가 붙어서 언뜻 급진적이거나 좌파적인 느낌을 주는데 내용을 들여다보면 그렇지 않다. 이보다는 오히려 '참여'라는 단어에 주목할 필요가 있다. 피케티는 자본주의사회, 즉 소유자사회는 그대로 인정하되, 여기서 발생하는 불평등을 줄이는 방법을 모색했다. 이전에 제시했던 고율의 누진소득세와 세계자본세의 실현 가능성은 사실상 낮다. 그래서 이번에는 세금보다 좀 더 직접적인 방법을 고안한다. 피케티는 자본주의 정치 이데올로기와 사적 소유의 극복을 강조한다. 이를 위해 새로운 형태의 사회적 소유, 기업 내 의사결정 참여와 의결권을 나눠 갖자는 것이다. 또한 대규모 소유에 대한 강력한 누진세를 적용해, 영구적 사적 소유를 일시적 소유 개념으로 대체하자는 것이다.

피케티는 기업이 가지고 있는 권력을 나눠 가짐으로써 자본의 사회적 소유를 제도화하는 것이 참여사회주의를 확립하는 하나의 방법이라고 말한다. 노동자의 참여를 확대한 대표적인 사례로 독일의 공동결정제도Mit-bestimmung를 들 수 있다. 우리나라 상법에서 의사결정 기구는 이사회 하나만 있는 반면, 독일 기업은 이사회와 그 위에 감사회가 있는 이중 구조를 가지고 있다. 독일의 공동결정제도는 기업의 최고 의사결정 기구인 이사회와 감사회에 노동자 대표가 참여해 의사결정에 노동자들의 요구를 반영한다. 이사회와 감사회에 참석하는 노동자 대표는 자본 측과 거의 동수이기 때문에 공동 의사결정이 가능한 강력한 참여 방식이다.

독일에서 공동결정제도가 등장하게 된 시기는 제2차 세계대전 직후였다. 물론 그 이전에도 노동자의 참여에 대한 논의가 있었다. 제1차 세계대전 이후에 민주 헌법에 따라 탄생했던 '바이마르공화국'

이라는 미완의 개혁 시대가 있었다. 이때 독일은 중앙노동공동체 협약을 체결하고 경제문제와 노동자의 생활 안정에 대해 논의하는 노사 동수의 위원회를 설치했다. 이는 전시 경제체제를 회복하고 조속한 자본주의적 시장 경제로의 복귀를 위한 것이었다. 그러나 바이마르공화국은 수많은 정당의 난립 속에서 정국의 안정을 기하지 못하고 몰락의 길로 갔고, 히틀러가 이끄는 나치당이 서서히 부상하면서 급기야 다시 큰 희생을 치른 세계대전을 일으키게 되었다.

선거로 선출된 국민의회가 1919년 8월 의결 공포한 바이마르 헌법(Weimarer Verfassung)은 당시 가장 민주적이고 진보적인 헌법이었다. 사회민주주의를 기반으로 두고 언론·집회·결사의 자유, 여성의 참정권과 투표권을 보장했다. 또한 사회권적 기본권을 규정함으로써 복지국가의 법적 근거를 마련했다.

독일이 제2차 세계대전에서 패전한 뒤 독일의 운명을 좌우하게 된 것은 미국과 소련, 영국, 프랑스 네 나라였다. 그러면 왜 4대 강국은 자기 나라에서도 하지 않는 노동자 참여를 확대하는 급진적인 제도를 독일에서 실행하도록 했을까? 제2차 세계대전은 히틀러와 독일 재벌들의 결합에 의해 진행되었다. 의료기기 분야의 지멘스Siemens나 철강 분야의 티센크루프Thyssen-Krupp 같은 독일의 대표적인 재벌 기업들이 히틀러와 긴밀하게 협력하면서 군수산업을 일으켜 전쟁 물자를 공급하고 비행기와

세습자본주의에 대한 저항

탱크를 제작하는 역할을 수행했다. 이들 재벌은 히틀러와 긴밀히 협력했던 공동 전범이었던 것이다. 이것을 4대 강국은 잘 알고 있었기 때문에 독일 자본가들이 다시 전쟁의 앞잡이로 나서는 일은 막아야겠다는 절박함을 가지고 있었다. 그래서 자본가들이 회사 내부의 결정을 독단적으로 내리지 못하도록 하는 일종의 견제 장치가 필요했는데, 그런 필요에서 요구된 것이 바로 노동자의 참여였다. 노동자들이 회사 경영에 참여해 노사 공동으로 의사결정을 하게 되면 자본의 이익만을 추구해 엉뚱한 방향으로 가는 일을 막을 수 있겠다고 생각한 것이다.

이런 배경하에 점령국들과 독일 노조는 공동결정제도 도입에 합의했다. 1951년 광산공동결정법에 의해 광산과 철강회사는 감사회에 노동자와 사용자가 동수로 참여하게 되었다. 그래서 이 공동 결정제도를 '몬탄공동결정법Montan-Mitbestimmungsgesetz'이라 부른다. 여기서 독일어 '몬탄'은 산(영어로는 mountain)이라는 뜻으로 석탄이나 철강이 주로 광산에서 생산되므로 이를 기반으로 한 산업을 몬탄산업이라고 한다. 몬탄 산업, 곧 군수산업에 대해 공동결정제도를 적용한 것이다. 이 법은 종업원 1,000명 이상의 대기업을 대상으로 했으며, 이후에는 중소기업 그리고 다른 산업으로까지 확대되었다. 몬탄 산업에 대해서는 노동자 대표가 여전히 2분의 1의 공동결정 지분이 유지되고 있고, 다른 산업에서는 대체로 3분의 1의 지분을 가지고 있다. 1952년 '경영구조법'은 종업원 5명 이상의 사업장에 사업장협의회를 두도록 했고, 감사회에서 전체 의석의 3분의 1을 노동자 대표로 두도록 했다. 1976년 '공동결정법'에서는 광산과 철강 외에도 2,000명 이상 기업에 노사 동수로 감독이사회를 구성하도록 했으며, 2004년 '3분의 1 참여법'에서는 500명 이상 2,000명 이하 규모의 기업에도 3분의 1의 노동자 대표를 두도록 했다.

나는 2004년 독일에 산업 시찰을 간 적이 있다. 그때 노사 양측을 고루 만날 수 있는 기회가 있어 이런 질문을 했다. 다른 나라에서 실시하지 않는 공동결정제도가 있는데, 의사결정 과정에서 다양한 논의를 거쳐야 하고 때로는 다툼도 있고 많은 시간이 소요되는 등 여러 가지로 비능률적이고 생산성을 저해하는 점이 있지 않느냐고 질문했다. 예상대로 노동자 측에서는 전혀 불만이 없었던 것은 당연한 결과였는데, 놀라운 것은 사용자 측의 답변이었다. 사용자 측은 더러 불편하고 불만이 있지만 공동결정제도를 당연하게 인정하고 있었다. 공동 의사결정이 시간이 많이 걸리는 것은 사실이지만 일단 결정이 되고 나면 큰 추진력이 생기는 장점이 있기 때문에, 길게 보면 시간 낭비라거나 손해를 본다고 생각하지 않고 오히려 효율성에 도움이 된다는 답변을 들을 수 있었다.

영국에도 1977년 학계와 노동조합 대표들로 구성된 불록위원회 Bullock Committee가 노동자의 참여를 대폭 확대하는 보고서를 채택했다. 노사 동수의 대표와 중립 인사 1명으로 이사회를 구성하자는 제안이었고, 이것이 실행되었더라면 영국의 노사 관계는 근본적으로 바뀌었을 것이다. 그러나 불행하게도 바로 직후에 대처의 보수당 정권이 들어서면서 이러한 논의는 힘을 잃어버렸다. 대처 정권은 철저히 자본가 편에 서서 낙수효과trickle-down effect의 경제학 같은 기업가 우선의 경제정책을 펴나갔다. 노사 공동 결정 방식을 채택하고자 했던 불록위원회의 보고서는 휴지 조각이 되어버렸고, 영국의 노사 관계는 40여 년이 흐른 지금까지도 여전히 대립적인 구도를 벗어나지 못하고 있다.

피케티는 『자본과 이데올로기』에서 주로 몬탄공동결정에 대해 이야기하고 있지만, 사실 노동자의 경영 참여 방식은 이보다 훨씬 광범위하고 다양하다. 노동자의 참여 중에는 지금까지 말했던 '의사결정 참여' 외에도 '자본 참여', '이익 참여' 등이 있다. 자본 참여는 주식 소유에 참여하는 것이고, 노동자소유기업 또는 미국의 종업원지주제ESOP, Employee Stock Ownership Plans가 여기에 속한다. 이는 노동자들이 자기 회사의 주식을 취득하게 하는 제도로, 우리나라로 치면 우리사주제도와 같은 것이다.

또 다른 하나는 이익 참여인데 이익공유제profit sharing가 여기에 해당한다. 전통적인 사고방식에 따르면 기업에서 발생한 이익은 자본가의 몫이다. 왜냐하면 자본가는 모험적인 투자를 한 것이기 때문에 임금과 기타 비용을 제외하고 남는 이익은 자본가가 가져갈 권리가 있다는 것이다. 그것을 잉여 수취권이라고 한다. 혹시 손실이 발생하더라도 그것은 전적으로 자본가의 책임이기 때문에 이익

발생 시 자본가가 이익을 가져가는 것이 당연하다는 것이다. 이것은 얼핏 보면 그럴듯한 논리로 보이지만 여기에 대한 반론이 제기될 수 있다. 이익이라는 것도 노사가 협력해서 만들었으니 당연히 노동자에게도 그에 대한 권리를 인정하는 것이 맞다는 논리다. 실제로 이익 참여를 위한 제도는 자본주의 초기부터 여러 나라에서 실시되어왔다. 미국에서도 18세기 말에 이미 이익 참여를 실시하는 공장이 나타났고, 한국에서도 10여 년 전 이익 참여에 대한 찬반 논쟁이 있었다. 2010년 출범한 동반성장위원회는 대기업과 중소기업 사이의 이익 공유 문제를 다루므로 지금 말하고 있는 노동자와 사용자 사이의 이익 공유 개념과는 다르지만 그 밑바닥의 논리는 비슷하다.

의사결정 참여와 소유 참여, 이익 참여, 이 세 가지는 자본주의에서 노동자의 3대 참여 방식이라고 할 수 있다. 여러 나라에서 다양한 형태로 실험이 계속되고 있고 상당히 긍정적인 효과가 나타나고 있다. 특히 이 세 가지 형태의 참여 방식은 한 가지만 실시할 때보다 복수의 참여 방식을 동시에 시행할 때 그 효과가 더 크다는 연구가 많다. 말하자면 일종의 시너지 효과가 있다는 뜻이다. 앞으로 우리나라에서도 노동자 참여 방식에 대해 보다 많은 연구와 실험이 필요하다. 피케티가 주장하는 참여사회주의는 전통적인 자본주의적 사고도 아니고 맑스주의와도 다른 제3의 사상이거나 노동자 참여를 강조하는 아나키즘에 뿌리를 두고 있다고 보인다. 피케티는

『자본과 이데올로기』에서 의사결정 참여, 특히 독일의 공동결정제도에 대해 언급할 뿐 이익 참여나 소유 참여에 대해서는 다루지 않는다. 노동자의 참여 방식에 대해 보다 폭넓게, 깊이 있게 다루었으면 하는 아쉬움이 있다.

3 — 기본자본과 부의 투명성

피케티가 불평등 극복을 위한 해법의 하나로 제시한 참여사회주의는 '사회적 소유'와 '일시적 소유'를 핵심으로 한다. 사회적 소유는 노동자 참여를 근본으로 하여 기업 권력을 나눠 갖는 것을 말하며, 일시적 소유는 강력한 누진소득세로 자본의 세습과 집중을 막는다는 개념이다. 그리고 피케티는 누진세로 모은 수입을 기반으로 한 '기본자본'이라는 새로운 제도를 제안한다. 피케티는 책에서 이것을 '보편적 자본 지원'이라고 이름 붙였지만, 최근 우리나라에서도 인구에 회자되고 있는 기본소득과 대비하여 기본자본이라고 부르는 것이 이해하기 쉬울 것 같다.

기본자본은 만 25세가 되는 모든 청년에게 12만 유로를 보편적 자금으로 지급하자는 내용이다. 12만 유로라는 금액 산정은 프랑스 1인당 평균 자산 보유액이 20만 유로인데, 그것의 60퍼센트에 해당하는 금액으로 정했다. 부유하든 가난하든 가리지 않고 모든 시민에게 25세가 되는 생일에 12만 유로의 기본자본을 지급하자는 제안이다. 모든 사람에게 매달 일정액을 지급하는 기본소득과는 달리 기본자본은 일회성 지급이다. 그것으로 인적 자본 형성에 사용하든, 증권을 사든, 창업을 하든 본인이 하고 싶은 일이나 필요한 데에 쓰면 된다. 이는 국가가 사회 진출을 앞둔 청년들에게 출발선에서 평평한 운동장을 마련해주자는 취지다.

12만 유로는 우리 돈으로 환산하면 약 1억 6,000만 원 정도 된다. 우리나라에서는 이런 논의가 아직 활발하지 않고, 만약 지급된다 하더라도 액수는 상당히 낮아질 가능성이 크다. 기본소득에 대해서는 서울시와 경기도에서 청년수당이나 청년배당이라는 이름으로 시행해왔기 때문에 널리 알려져 있다. 그에 비해 기본자본은 어디에서도 시행된 적이 없다. 다만 2020년 정의당에서 만 20세 이상의 모든 청년에게 지급하는 청년기초자산 제도를 공약으로 제시한 적이 있고, 2021년 더불어민주당 「신복지보고서」에서 사용처가 제한적인 청년자립자본 제도를 언급한 것, 그리고 2021년 6월 김두관, 이용우 등 더불어민주당 국회의원 35인이 공동 발의한 청년기본자산 제도가 있다. 청년기본자산은 아이가 출생 때부터 매월 20만 원씩 적립하여 18세가 되었을 때 6,000만 원의 자산을 지급하자는 아이디어다. 이 금액은 피케티가 제안하는 청년 1인당 1억 6,000만 원의 기본자본에는 미달하지만 상당한 금액이다. 피케티는 기본소득에 대해 찬성은 하지만 적극 지지하지는 않으면서 그 대신 기본자본을 강력하게 주장하고 있는 점은 특기할 만하다.

또한 피케티는 부의 투명성을 높이기 위해 '공공금융등기부' 작성을 제안했다. 기본자본과 같은 보편적 자본 지원을 시행하기 위해서는 소유세와 상속세, 소득세에 대한 누진세 부과가 필요하다. 그러기 위해서는 먼저 투명한 금융등기부가 전제되어야 한다. 숨어 있는 돈이나 해외 조세 피난처에 숨겨둔 돈 등 금융 사산과 관련한 모든 정보가 공개되어야 하고, 거기에 공평하게 세금을 부과할 수 있어야 한다. 그렇게 되었을 때 자본의 지속적 순환이 가능해지고 기본자본과 같은 지원책을 통해 소유 확산이 이루어질 수 있다. 이를 통해 청년들이 사회에 진출하는 출발선에서만이라도 기울어지지 않은 운동장을 만들어주자는 것이다.

4 — 민족(경계) 문제에 대한 해법 ◎

피케티가 참여사회주의와 함께 불평등에 대한 새로운 해법으로 제시한 다른 하나는 '사회연방주의'다. 초민족적이고 지구적인 정의를 위해 민족과 종교, 이민 등 국경을 둘러싼 균열을 극복하자는 것이다. 현대 세계는 몇 년 사이에 많이 달라졌다. 지금 세계는 과거에 볼 수 없었던 배타적 민족주의 또는 사회토착주의가 팽배해 있다. 1930년대에 이런 위험한 사상이 팽배했고, 그로 인해 결국 제2차 세계대전이 일어났다는 점을 생각하면 이는 불길한 조짐이다. 이런 현상은 제1차 세계대전 때도 마찬가지였고, 이러다 제3차 세계대전으로 이어지지는 않을까 하는 걱정이 들 정도다. 유럽의 여러 나라에서, 또 남미 등에서도 극우파 세력이 득세해 소위 스킨헤드족 같은 극단적 배타주의 성향을 지닌 집단들이 난무하고 있다. 또한 난민 문제가 본격화된 2014년부터 지중해를 건너다 사망한 난민이 2016년 한 해에만 1만 명을 넘어섰다. 정원을 초과한 보트가 침몰해 수많은 사람들이 떼죽음을 당하는 비극이 끊이지 않고 있다. 피케티는 이러한 비극을 막기 위해 국가 단위를 넘어 평등주의적 연대로 가는 사회연방주의를 주장하는 것이다.

사회연방주의는 정통적인 사회주의 사상가들의 세계평화주의나 세계동포주의와 가까워 보인다. 사회연방주의에 대해서는 상세한 내용이 책에 설명되어 있지는 않고, 앞으로 좀 더 구체적 내용이 전개될 듯하다. 다만 이것을 사해동포주의四海同胞主義와 비슷한 개념으로 이해한다면, 국경이나 경계에 가두거나 서로를 배제하지 않고 세계 동포로서 받아들이는 공동체주의로 가자는 주장을 하는 것으로 보인다.

<table>
<tr><td>

5

정치의
중요성

</td><td>

『21세기 자본』에서 피케티는 경제정책에 대해
주로 이야기하고 정치에 대해서는 거의 언급
하지 않았다. 그러나 『자본과 이데올로기』에
서는 정치를 중요하게 다룬다. 피케티가 『21세
기 자본』에서 제안했던 고율의 누진소득세나

</td></tr>
</table>

세계자본세의 신설 같은 정책이 좀처럼 실현되지 않았는데, 이는
각국 의회에서 법이 제정되지 않았기 때문이다. 그래서 피케티는
결국 정치가 바뀌지 않고는 세상을 바꿀 수 없다는 신념을 갖게 된
듯하다.

피케티는 몇 년 동안 의회와 선거에 대해 집중적으로 분석했다.
그는 제2차 세계대전이 끝난 1948년부터 2017년까지 약 70년 동
안 서구 각국의 정치 갈등 구조가 어떻게 변화했는지를 추적했다.
그리고 분석을 통해 좌파 정당의 지지층이 크게 바뀌었다는 것을
확인했다. 과거, 적어도 1970년대까지는 계급 투표가 이루어져 좌
파 정당의 지지층은 저학력, 저소득층의 노동자계급이었고, 우파
정당 지지층은 고학력, 고소득층, 부자들이었다. 그런데 1980년대
부터 고학력층의 좌파 정당 지지도가 높아지기 시작했고, 2000년
대 이후에는 이런 현상이 더욱 뚜렷해졌다.

오늘날 좌파 정당은 더 이상 불평등 해소를 바라는 노동자, 농민
을 대변하지 않는다. 이들이 대변하는 집단은 고학력의 지적인 엘
리트들이다. 피케티는 학력, 지식, 인적 자본의 축적을 지향하는 고

학력층을 '브라만 좌파'라고 이름 붙였다. 그리고 우파 정당을 지지하는 사람들은 과거에도 그랬듯이 부유층, 고소득 엘리트들이다. 그래서 화폐와 금융자본의 축적을 지향하는 부유층을 '상인 우파'라고 이름 붙였다. 그래서 지금의 정치는 지적 자본을 중시하는 브라만 좌파와 물적 자본과 금융자본을 중시하는 상인 우파 사이의 대결이라고 해석한다. 피케티에 따르면, 브라만 좌파와 상인 우파라는 다중 엘리트 연합이 교대로 집권하거나 연합의 틀로 함께 통치하면서 현대의 불평등주의 체제를 고착화했다. 이 흥미로운 분석을 통해서 바라보면, 미국의 노동자들이 과거 민주당을 지지했다가 왜 트럼프를 당선시켰는지, 한국에서 왜 '강남 좌파'(강준만, 2005)라는 기이한 현상이 일어났는지를 이해할 수 있다.

피케티는 선거 사후 조사를 통해 유권자 구조를 연구했다. 〈도표 18〉은 1945년부터 2020년 사이 미국과 프랑스, 영국의 모든 선거에서 좌파 정당을 지지한 유권자들 중에 고학력층이 많은지 저학력층이 많은지를 분석한 것이다. 제2차 세계대전 직후부터 1960년대까지는 좌파 정당 유권자가 저학력층이 많았고 고학력층이 적었다. 그러다 1990년대 이후에는 완전히 역전됐다. 최근에는 좌파 정당에 대한 지지가 고학력층에서 20퍼센트 정도 더 높게 나타난다. 이는 제2차 세계대전 이후 70년 사이에 선거 행태가 완전히 달라져 좌파 정당이 노동자들의 정당에서 고학력자들의 정당으로 바뀌었음을 의미한다.

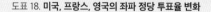

도표 18. 미국, 프랑스, 영국의 좌파 정당 투표율 변화

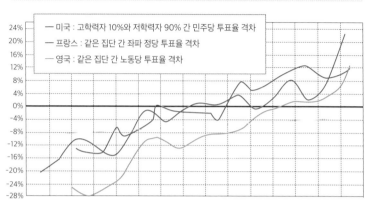

— 미국 : 고학력자 10%와 저학력자 90% 간 민주당 투표율 격차
— 프랑스 : 같은 집단 간 좌파 정당 투표율 격차
— 영국 : 같은 집단 간 노동당 투표율 격차

출처 : piketty.pse.ens.fr/ideologie

도표 19. 프랑스에서 학력 수준에 따른 좌파 정당 투표

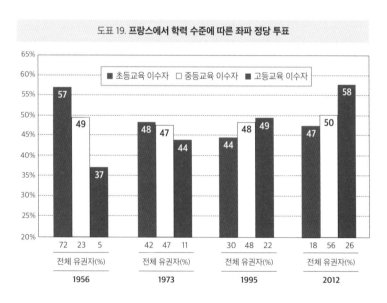

출처 : piketty.pse.ens.fr/ideologie

1956년부터 2012년 사이 실시된 프랑스의 선거에서 학력 수준에 따른 좌파 정당 유권자 분포를 보면 이는 더욱 선명하게 드러난다. 1956년 총선에서 전체 유권자의 72퍼센트를 차지했던 무학력 또는 초등교육 이수자 57퍼센트가 좌파 정당에 투표를 하고, 전체 유권자의 5퍼센트에 불과했던 고등교육 이수자는 37퍼센트가 투표했다. 이러한 수치는 점차 뒤집혀 2012년에는 정반대가 되었다. 이와 같은 현상은 프랑스만이 아니라 여러 나라에서 공통적으로 나타나는 현상이고, 한국도 여기서 예외는 아니다.

　　피케티는 『21세기 자본』에서 근대 이후 선진국 경제를 중심으로 세계 불평등 문제를 분석했다면, 이 책에서는 노예제부터 21세기 세계화 시대의 자본주의까지 그 분석 영역을 넓혀 사회·역사적 구조와 정치 문제까지 시각을 크게 넓혔다. 역사적으로 모든 사회는 불평등한 사회였으며, "불평등은 경제적 또는 기술공학적인 게 아니라 이데올로기적이고 정치적인 것"임을 강조한다. 불평등을 합리화하고 정당화하는 이데올로기는 더욱 공고해지고, 이 이데올로기는 정치적 행위를 지배하고 경제에 직접적인 영향을 미친다.

　　피케티가 말하는 정의로운 사회는 "사회구성원 전체가 가능한 가장 광범위한 기본 재화에 접근할 수 있는 사회", 그리고 "사회적, 문화적, 경제적, 시민적, 정치적 삶의 다양한 모든 형태에 대한 완전한 참여"가 가능한 사회다. 그는 "지금까지 존재한 모든 사회의 역사는 계급투쟁의 역사였다"고 갈파했던 칼 맑스와 프리드리히 엥겔스의 말을 변용하여 "오늘날까지 모든 사회의 역사는 이데올로기 투쟁과 정의 추구의 역사였다"고 말한다. 또한 "계급투쟁과 달리, 이데올로기 투쟁은 인식과 경험의 공유, 타자에 대한 존중, 숙의와 민주주의에 기초한다"면서, "자본주의와 사적 소유를 넘어서서 참여사회주의와 사회연방주의에 기반한 정의로운 사회를 수립하는 것은 가능하다"고 주장한다.

"지금까지 존재한
모든 사회의 역사는
계급투쟁의 역사였다."

———— 칼 맑스, 프리드리히 엥겔스 ————

"오늘날까지
모든 사회의 역사는
이데올로기 투쟁과
정의 추구의 역사였다."

토마 피케티 ————————

09

한국의 불평등은 더 심해질까?

1
한국의 불평등

지금까지 『21세기 자본』과 『세계불평등보고서 2018』 그리고 『자본과 이데올로기』라는 피케티의 3부작을 훑어보았다. 2014년 『21세기 자본』이 출간되었을 때 처음으로 피케티를 만났는데, 내가 이 책의 해제를 쓴 인연으로 한

시간여 대담을 하면서 이런저런 이야기를 나누었다. 두 번째 만남은 2018년 『세계불평등보고서 2018』이 나올 무렵 피케티가 한국을 두 번째 방문했을 때였다. 4년 만에 만나니 체중이 조금 늘어난 것 같았고, 고등학생 딸을 데리고 왔는데 한국에 일주일간 머물 계획이라고 했다. 깜짝 놀라서 어떻게 고등학생이 일주일이나 학교를 결석하고 해외에 나갈 수 있느냐고 물으니 프랑스 학교에서는 아무 문제가 없다면서, 딸이 K-팝의 광팬이어서 한국에 꼭 가보고 싶다고 해서 같이 왔다고 했다. 두 번째 만남에서 피케티는 특히 정치의 중요성을 강조했다. 그때 내가 받은 인상은 4년 전에는 경제학

자였는데 이제는 정치학자, 역사학자가 되었구나 하는 느낌이었다. 피케티는 불평등을 분석하고 해법을 찾는 데 학문적 깊이와 넓이를 더해가고 있었다. 그럼 피케티의 분석과 진단을 한국의 상황에서는 어떻게 바라봐야 할까. 이 장에서는 이 점에 대해 이야기해보려 한다.

다시 말하지만, '피케티 비율'이라 불리는 자본/소득 비율(β)은 자본의 가치를 국민소득으로 나눈 값이다. 한 나라의 자본 총량이 국민소득의 몇 배냐를 나타내는 비율이다. 원래 경제학에서 이것은 자본계수 또는 자본 – 산출량 비율이라고 불리는데, 둘 다 번거로우니 요즘은 피케티 비율이라 불리고 있고, 그게 더 간편하기도 하다. 이 수치(β)가 크면 클수록 소득에 비해 자본 총량이 크다는 뜻이고, 피케티가 주장하듯이 자본수익률이 역사적으로 항상 4~5퍼센트로 일정하다고 가정하면 β가 크면 클수록 국민소득 중 자본에 돌아가는 몫(자본분배율)이 커지게 된다. 대체로 자본가들이 노동자보다 부자이므로 다시 말하면 이것은 나라 전체로 봤을 때 소득 불평등이 커진다는 뜻이다.

피케티는 제1차 세계대전 발발 직전 프랑스의 벨 에포크 시대나 미국의 도금시대를 소유자사회라고 이름 붙였는데, 이때는 β가 6을 넘어서 7 정도 되는 최악의 불평등 시대였다. 그 후 자본주의 황금시대였던 1940~1950년대에는 β가 2~3 정도 수준까지 낮아져서 불평등이 가장 완화된 상태로 바뀌었다. 그러다 1980년대 레이건과 대처가 불러들인 시장만능주의 시대 이후 β가 계속 높아졌고, 소득 불평등도 커져서 오늘날의 불평등은 다시 벨 에포크 시대와 비슷한 수준이다. 그런데 한국의 피케티 비율(β)은 이보다 더 높은 상태이니 보통 문제가 아니다.

2014년 한국은행과 통계청은 「국민대차대조표 공동개발 결과」라는 국민계정 통계 보고서를 내놓았다. 이를 통해 피케티가 자본/소득 비율을 위해 활용한 국민계정 지표를 한국에도 적용할 수 있게 되었다. 대략적으로 보면 한국의 피케티 비율은 7을 넘어 2012년에 7.5까지 치솟았다. 선진국에서 역사적으로 최악이었던 시대의 수치를 넘어선 것이다. 부와 소득이 소수에게 집중되어 불평등이 가장 심화되었던 19세기 말을 능가할 정도라면 현재 한국의 불평등은 심각한 수준이고, 여러 가지 심각한 문제가 뒤따를 수밖에 없다.

한국의 β 비율이 이렇게 높은 가장 큰 이유는 결국 비싼 땅값, 집값 때문이다. 한국의 부동산 값은 세계에서 가장 높고, 그러다 보니 자본(피케티의 개념 정의에서 자본은 부동산을 포함한다)을 국민소득으로 나누면 7.5라는 높은 값이 나오게 된다. 이것은 대단히 심각한 현상이고, 불평등 관점에서 봤을 때 한국만큼 높은 수치를 보이는 나라는 거의 없을 것이다. β가 이렇게 높으면 그 결과 피케티의 자본주의 제1, 제2 기본법칙에 따라 자본소득의 점유율(자본분배율)이 높아진다. 이 값은 자본소득이 국민소득에서 몇 퍼센트를 차지하느냐

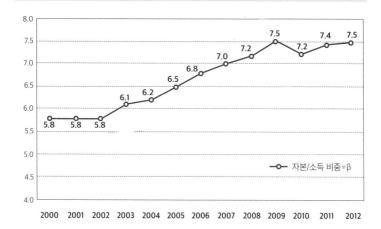

도표 20. 한국의 자본/소득 비율

자료: 한국은행과 통계청, 국민대차대조표 공동개발 결과(2014년 5월 14일)

하는 것인데, 지난 40년간 몇몇 주요 국가에서 10퍼센트 포인트 이
상 높아졌다는 것을 피케티가 보여주었다. 한국도 여기서 예외가
아니다.

거꾸로 말하면 이것은 국민소득에서 노동이 차지하는 비율(노동
분배율)이 그만큼 하락하고 있다는 뜻이다. 자본분배율과 노동분배
율의 합은 반드시 1이므로 한쪽이 상승하면 다른 쪽은 하락할 수밖
에 없다. 한국은 β가 다른 나라들보다 높기 때문에 국민소득 중 자
본의 몫(자본분배율 α)이 상승하는 현상도 더 심각하다고 봐야 한다.
바꿔 말하면 한국의 노동분배율은 다른 나라들에 비해 유달리 낮다. 이것은 통계자료에 의해 실제로 뒷받침되고 있다. 피케티가 분명히 보여주었듯이 세계적으로 자본분배율이 상승하고 노동분배율이 하락하는 것은 각국의 공통된 현상이다. 그러나 한국의 경우에는 그 속도가 유독 빨라서 노동분배율이 다른 나라들에 비해 훨씬 급격히 하락하고 있다.

한국에서는 그런 현상이 적지 않다. 무슨 말이냐 하면 세계적 추세인 것은 맞는데, 다른 나라보다 유달리 속도가 빠른 것이 한국에는 많다. 비정규직 비율의 상승 추세도 세계적인 추세임에 틀림없지만 한국에서는 그 역시 가파른 상승 추세를 보이고 있으며, 한국은 세계에서 비정규직 비율이 가장 높은 나라가 되어버렸다. 그리고 비정규직이 받는 임금 차별이나 각종 신분상의 차별도 세계에서 가장 심한 편이다. 또 하나는 출산율이다. 출산율의 하락과 인구 증가 감소 추세 또한 전 세계가 직면한 문제다. 그러나 한국의 출산율 하락과 고령화는 다른 어떤 나라도 따라올 수 없는 심각한 수준이다. 한국의 출산율은 2021년 기준 2년 연속 전 세계 최하위를 기록했다. 유엔인구기금UNFPA에 따르면 한국의 합계출산율은 1.1명으로 전체 198개국 중 198위였으며, 고령화 비율은 16.6퍼센트로 조사 대상 국가 중 42번째로 높았다. 고령화 비율도 앞으로 급속히 늘어나 2050년이 되면 한국은 세계 2위의 '노인 국가'가 될 것으로 예상되고 있다. 1위는 어디일까? 일본이다. 일본, 한국이 나란히 노인 국가가 되는 이유는 무엇일까? 그것은 두 나라가 오랫동안 복지국가를 소홀히 하고 토건국가를 지향해왔기 때문이다. 더 늦기 전에 이제라도 방향을 돌려 복지국가로 나아가야 하는데, 국내 사정을 보면 여전히 복지를 퍼주기로 비방, 음해하고 반대하는 세력이 강해서 방향 전환이 쉽지 않다.

한국은 소득 불평등과 비정규직 문제, 출산율 하락에서 세계적 추세에 따라 악화되어가고 있지만, 유독 압도적으로 빠른 속도로 나쁜 방향으로 치닫고 있다. 이것은 한국 경제가 직면한 대단히 심각한 문제다. 그러면 한국의 소득 불평등은 어느 정도일까? 피케티는 『21세기 자본』에서 '국가별 상위 1퍼센트의 소득집중도'를 나타내는 도표를 제시한 바 있다. 피케티가 연구한 바에 따르면, 미국 등 주요 국가에서 20세기 100년 동안 소득불평등이 U자형 곡선을 보인다는 것이다. 그것이 다음 도표에 잘 나타나 있다.

피케티는 이런 연구를 바탕으로 해서 사이먼 쿠즈네츠의 역U자 가설을 비판했다. 쿠즈네츠는 경제성장 과정에 있는 국가의 불평등 정도는 처음에 상승하다가 경제성장이 일정 수준을 지나면 불평등은 결국 하락한다고 주장했다. 피케티에 따르면 이 기간에 불평등이 하락한 이유는 공업화의 진전이 아니라 제2차 세계대전과 대공황의 결과였다. 피케티가 보여준 자료는 미국과 영국, 일본, 프랑스를 대상으로 했고, 이들 나라 모두 U자형 곡선을 그리고 있다. 그중 미국이 가장 두드러진 U자형을 보이는데, 그것은 미국이 다른 선진국에 비해 불평등 상승 정도가 크다는 뜻이다. 1981년에 대통령 임

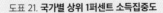

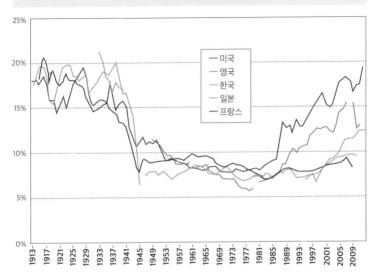

범례:
— 미국
— 영국
— 한국
— 일본
— 프랑스

자료: 「한국의 소득집중도 추이와 국제 비교」 김낙년 동국대학교 교수(2012)

기를 시작한 레이건과 그를 이어받은 부시 정권이 작은 정부, 감세 정책을 폈는데, 그것은 1920년대 앤드루 멜런이 추진했던 정책과 판박이처럼 일치하는 것이다. 작은 정부, 부자 감세와 규제 완화, 친기업 반노조 정책은 당연히 불평등을 심화시킨다. 그래서 미국은 유럽이나 일본에 비해 빠른 속도로 불평등이 커져 지금은 OECD 국가 중에서도 불평등이 가장 심한 나라가 되었고, 빈부격차가 하도 커서 '2개의 미국Two Americas'이 존재한다는 자조적 표현조차 나오고 있는 실정이다.

원래 피케티의 분석 대상에서 한국은 빠져 있었다. 그런데 김낙년 동국대학교 교수는 국세청 '국세통계연보'의 소득세 자료를 활용해 피케티가 사용한 분석 방법을 그대로 적용해 「한국의 소득집중도 추이와 국제 비교」라는 연구를 내놓아 이들 선진국과 한국을 비교해볼 수 있다. 김낙년 교수가 제시한 한국의 소득집중 곡선을 보면 피케티가 보여준 U자형 곡선에 한국도 상당히 일치한다는 점을 발견할 수 있다. 일제강점기 이후 자료가 없는 기간의 공백이 크긴 하지만 있는 자료를 바탕으로 보면 세계적 추세와 상당히 비슷하게 U자형 움직임을 보인다는 점은 매우 놀라운 일이다. 그런데 소득집중도가 미국과 같은 수준으로 가파르게 올라가고 있고, 그 추이를 봤을 때 몇 년 안에 미국을 추월할 것으로 예상된다. 그만큼 한국의 불평등이 심각하게 진행되고 있다는 뜻이다. 다시 생각해보면 OECD 국가 중에서 피케티 비율(자본/소득 비율)이 가장 높은 나라가 한국이기 때문에 이는 조금도 의외의 결과가 아니다.

2 ── 소득주도성장과 혁신성장

그러면 한국은 이러한 심각한 불평등 현상을 막고 지속 가능한 성장을 이룰 수 있을까? 우리는 여기서 대공황이라는 위기를 극복했던 뉴딜 정책과 소득과 자산에 대한 강력한 누진세를 통해 불평등을 완화했던

20세기 중반 자본주의 황금시대로부터 중요한 교훈을 얻을 수 있다. 한국은 현재 저성장, 저고용, 불평등 심화라는 세 가지 심각한 경제적 질병을 앓고 있다. 대공황의 위기를 돌파한 비결이 뉴딜이었듯이 한국 경제에도 뉴딜이 필요하다. 한국이 처한 저성장, 저고용, 불평등 심화를 해결하는 핵심적 뉴딜 정책을 네 가지로 요약할 수 있다.

첫째는 부동산에서 발생하는 불로소득을 막아야 한다. 우리나라는 2019년 기준으로 부동산 불로소득이 국내총생산^{GDP}의 20퍼센트 가까이 차지한다. 이런 현상이 지속되면 사람들이 일할 의욕을 상실하고 창업이나 벤처에 관심이 없어진다. 그 대신 어디에 아파트나 한 채 사서 일확천금할 수 있는 데가 없는지에 관심을 갖는다. 많은 사람들이 이렇게 행동하면 결과는 뻔하다. 경제의 생산성이 떨어지고 경제성장이 둔화되면서 불로소득을 얻는 자와 못 얻는 자 사이에 양극화가 심해지는 국가적 제로섬 게임$^{zero-sum\ game}$에 갇힐 수밖에 없다. 이런 불로소득 기회를 원천적으로 차단해서 사람들이 생산적 활동에 종사하도록 유도하는 것이 정부가 해야 할 중요한 일이다. 모두의 공동 자산인 토지가 더 이상 소수의 투기 수단이 되어서는 안 된다. 부동산 불로소득을 방지하기 위해서는 오래전 헨리 조지$^{Henry\ George}$가 주장했듯이 토지보유세를 강화해 투기로 얻는 초과이익을 환수해야 한다.

둘째는 대기업의 갑질 근절이다. 여기서 '갑질'이라 함은 공정한 시장 환경을 해치는 불공정 행위를 말한다. 대기업과 중소기업 간의 관계가 불균형적이고 기울어진 운동장에서 하는 축구 경기라는 사실은 오래전부터 잘 알려져 있다. 이를 위해 재벌 개혁이 필요하고, 모든 경제주체에게 성과가 공정하게 분배되도록 하는 방안이 요구된다. 이와 더불어 피케티가 '참여사회주의'라고 하는 불평등 해법을 제시하며 말했던 노동자 참여를 확대하는 방법이 필요하다. 기업의 의사결정과 경영에 노동자 대표가 참여하는 의사결정 참여 제도를 본격적으로 논의할 필요가 있다. 또한 노동자가 소유에 참여해 기업의 소유 구조를 민주화하고 경영 성과의 분배에도 참여하는 방안을 도입할 필요가 있다. 이렇게 함으로써 노동자들이 회사의 주인이라는 의식을 갖도록 해야 한다. 그러면 노동자들도 매년 과도한 임금 인상을 요구하는 관행적 태도를 재고할 것이다. 그것은 단기적 이득을 가져다주지만 결국은 회사의 경쟁력을 훼손하여 노동자의 일자리와 보상에 불리하게 작용할 것이기 때문이다. 노사 간의 연례행사와 같은 임금 투쟁 갈등과 뿌리 깊은 노사 불신을 극복하고 근본적 노사 화합과 상생, 경쟁력 향상으로 가는 길은 노동자의 경영 참여라는 점을 인식하고, 노사가 함께 노력하지 않으면 안 된다.

셋째는 복지를 강화해야 한다. 복지는 그 자체로 최소한의 생활을 보장해 인권의 보루가 됨과 동시에 사회 안전망 역할을 함으로써 사람들을 안심하고 모험적 투자, 벤처기업 활동에 종사하게 하는 순기능을 갖는다. 복지가 가장 발달한 북유럽 국가들이 벤처 투자, 모험적 투자에서도 가장 선진적이라는 사실은 매우 시사적이다. 물론 복지를 강화하는 데는 필연적으로 증세가 따를 수밖에 없다. 그런데 많은 사람들이 복지는 원하면서도 우리나라의 세금 징수가 과도하다고 말한다. 특히 보수 진영에서는 '복지=퍼주기'라는 등식을 주장하면서 복지 확대에 소극적이거나 반대 입장을 취한다. 2019년 회계연도 기준으로 한국의 조세부담률은 20.1퍼센트로 OECD 37개 회원국 평균인 24.9퍼센트보다 4.8퍼센트포인트 낮다. 영미형 국가의 조세부담률은 30퍼센트, 유럽 주요국들은 40퍼센트, 북유럽 국가들은 50퍼센트 정도 된다. 이들 나라들은 우리가 모델로 삼는 나라들이다. 우리나라 복지 지출은 OECD 평균과 비교하면 대략 1년에 100조 원 정도 부족하다. 퍼주기와는 거리가 멀고, 사회 안전망에 여기저기 구멍이 숭숭 뚫린 셈이다. 한국의 복지를 보는 우리의 사고방식에 근본적 전환이 필요하다.

넷째, 비정규직 차별을 해소해야 한다. 신자유주의 고착화로 전 세계가 경쟁에 노출되면서 비정규직 확대가 세계적인 현상이 되었지만, 한국만큼 심각한 나라는 없다. 사람을 소모품처럼 한두 해만 쓰고 내보내니 회사에 소속감이 없고 업무나 기술을 열심히 배울 필요도 느끼지 않는다. 이런 노동력을 갖고는 생산성 향상이 불가능하고, 경제성장은 기대할 수 없다. 일자리가 부족하니 기업에서는 값싼 노동력을 남용하고 있으나, 눈앞의 이익에 혹해 비정규직을 남용하면 장기적으로는 오히려 더 큰 것을 잃게 된다는 사실을 잊어서는 안 된다. 비정규직 문제는 단지 노동문제에만 그치지 않는다. 우리 사회의 차별과 갈등, 양극화 심화, 교육 불평등 등 여러 구조적 문제를 야기할 수 있다.

이 네 가지는 모두 사회적 약자를 위한 제안들이다. 부동산 불로소득을 막아야 서민들이 최소한의 생활 안정을 누리며 살아갈 수 있고, 대기업의 갑질을 막아야 중소기업에 혁신이 일어나고 청년들이 벤처사업에 도전할 수 있다. 중소기업에서 기술 혁신으로 얻은 노하우를 대기업이 탈취해버리면 혁신 인센티브가 사라진다. 그런 착취 관계를 단절시키면 자연스럽게 중소기업에서 기술 혁신이 이루어지고 성장이 일어나게 된다. 또한 복지의 강화는 사회 안전망을 확충하는 방안이다. 세계에서 벤처기업이나 모험 투자가 가장 발달한 곳이 핀란드 같은 북유럽 국가인데, 모험을 해서 실패하더라도 기본적인 생계를 위협받지 않는다는 사회안전망이 있기 때문이다. 우리는 모험적 투자를 했다가 실패하면 패가망신하고 굶어 죽을 위험이 크다. 사회 안전망이 구축된 사회에서 비로소 새로운 도전과 기술혁신이 활발히 이루어진다. 그리고 비정규직 문제 해결도 마찬가지다. 비정규직 차별을 해소해야 회사의 주체로서 소속감을 가지고 기술 향상과 혁신을 일으킬 수 있다. 지금처럼 노동자를 뜨내기 취급한다면 아무도 기술 습득과 혁신을 시도하려 하지 않는다.

지금 제시한 네 가지 제안은 사회적 약자와 그늘진 곳을 살피는 방안인 동시에 혁신을 일으키는 원동력이다. 즉 소득주도성장을 가져오면서 동시에 혁신성장을 일으키는 방안이다. 소득주도성장과 혁신성장을 구태여 나누고 양자택일하라고 강요할 필요가 없다. 둘은 결국 상호 보완적이다. 이 네 가지 개혁을 통해 소득주도성장이 활발해지면 서민과 중소기업, 비정규직의 구매력이 늘면서 경기가 활기를 되찾고 성장률이 높아진다. 그러면 기업에서 인원을 더 채용해야 하고, 그 결과 고용이 늘어나게 된다. 고용이 늘면 당연히 분배도 개선되는 선순환이 일어난다. 이게 바로 자본주의 황금시대 때 각국이 경험했던 뉴딜의 효과다.

뉴딜을 통해 소득주도성장과 혁신성장을 동시에 이룰 수 있다. 보수 우익에서는 소득주도성장이 족보에도 없는 것이라며 반대하면서 혁신성장만 하자고 주장한다. 최저임금 인상이나 노동시간 단축 같은 소득주도성장 정책이 오히려 저임금 노동자의 일자리를 빼앗고 영세 자영업자들을 어렵게 만든다는 논리로 공격한다. 문재인 정부 첫 두해 동안 최저임금 인상이 과도했던 것은 사실이고, 그 결과 고용 감소 등 부작용이 있었던 것도 사실이다. 그러나 그렇다고 해서 소득주도성장을 백안시하고 무시해서는 안 된다. 혁신성장은 물론 바람직한 것이지만, 그러나 혁신성장 하나의 엔진만으로 비행기가 나는 것보다는 소득주도성장과 혁신성장 두 개의 엔진이 함께 가동될 때 비행기는 훨씬 더 잘 날 수 있다. 혁신은 언제 어디서나 중요한 성장의 원동력이지만 소득주도성장은 불평등이 심한 사회에서 효과를 볼 수 있는, 꼭 필요한 정책이며 그것을 증명해주는 역사적 사건이 바로 뉴딜이다. 앞에서 말한 바 있지만 뉴딜의 핵심은 '억강부약'에 있다. 뉴딜의 성공으로 인해 자본주의 황금시대가 열렸고, 그 호황기가 장장 40년 동안 이어졌다는 사실, 그리고 그것이 한두 나라가 아니라 자본주의 선진국 다수에서 일어났다는 사실은 간과할 수 없는 중요한 역사적 증거다.

3 ─ 한국 경제가 가야 할 방향 ◎

한국 경제는 지금 기로에 서 있다. 해방 후 몇십 년 동안 박정희식 국가독재 모델을 이어왔다. 그리고 1997년 국제통화기금IMF외환위기를 겪으면서 신자유주의 시장경제 모델이 급속히 도입되었고, 지금까지 시장독재(시장만능주의) 모델이 우리 사회에 팽배해 있다. 지금까지 이 두 개의 길을 걸어왔지만 결코 바람직한 모델은 아니다. 이제 뉴딜을 통해 제3의 길로 가야 한다. 하나의 대안이 될 수 있는 북유럽식 사회민주주의, 복지자본주의 모델은 국가와 시장을 적절하게 조합한 경제 운용 방식이다. 보다 인간적이고 평등하며 인간이 인간 대접을 받고 신명 나서 일할 수 있고, 실패를 해도 사회 안전망이 받쳐주니 모험을 할 수 있다. 그런 좋은 자본주의, 활기찬 자본주의가 있다. 박정희식 낡은 국가독재 모델, 대공황을 두 번이나 일으킨 앤드루 멜런의 시장만능주의 모델에 집착하는 어리석음을 범해서는 안 된다. 과감히 발상을 전환해 우리가 미처 생각하지 못했던, 보다 나은 시장경제 모델로 나아갈 때다.

10

한국 사회와 부동산 불평등

피케티는 미국, 유럽 등 선진국의 장기통계를 분석해 지난 40년간 지속적으로 불평등이 심화되어왔고 앞으로도 그런 경향이 계속될 것이라는 우울한 전망을 내놓았다. 그러면서 각국의 자본이 지난 40년간 얼마나 증가해왔는지를 보여주는 수많은 도표를 제시했다. 그것을 들여다보면 각국의 자본 구성에서 제일 큰 비중을 차지하는 것이 하나 있다. 바로 부동산이다.

피케티는 경제학에서 자본이라고 말하지 않는 토지나 부동산 등을 자본 개념에 포함하는 점이 독특하다. 피케티가 말하는 자본은 금융자본, 공장, 설비 등 물적 자본은 물론이고 특허나 지적 재산권 같은 지적 자본, 화폐에다 토지, 부동산, 건물 등 수익을 얻을 수 있는 모든 자산을 자본에 포함시켰다. 이런 광범위한 자본 개념 때문에 자본과 노동의 대체탄력성이 다른 경제학자들이 주장하는 수치보다 높게 나온다. 대체탄력성이 1보다 크면 자본/소득 비율(β)이 오를 때 자본소득분배율(α)도 오르지만, 대체탄력성이 1보다 작으면 β가 오를 때 α는 하락한다. 대체탄력성이 1보다 크냐 작으냐에 따라 자본/소득 비율의 상승이 자본소득분배율을 높일 수도 있고 낮출 수도 있기 때문에 이 문제는 중요하다. 이는 피케티의 자본주의 제1기본법칙, 곧 '자본분배율(α) = 자본수익률(r) × 자본/소득 비율(β)'에 중요한 영향을 끼친다.

피케티의 자본 개념에는 부동산이 포함될 뿐만 아니라 그 비중이 가장 크다. 자본 중에서도 3분의 2는 부동산이 차지한다. 선진국이 대체로 그렇지만, 땅값이 세계에서 가장 비싼 나라인 한국은 그 비중이 더 크다. 홍콩이나 싱가포르 같은 도시국가를 제외하면 평당 땅값이 가장 높은 나라는 한국이다. 과거에는 일본이 1위였는데, 30년 전부터 한국이 역전하기 시작했다. 한국의 부동산값이 워낙 비싸기 때문에 다른 나라가 자본 구성에서 부동산이 3분의 2를 차지한다면, 한국은 4분의 3 또는 그 이상을 차지한다. 결국 부동산값 상승이 자본/소득 비율의 상승에 상당한 원인이 되었음을 짐작할 수 있다. 그러니 불평등의 해법도 당연히 부동산에서 실마리를 찾아야 한다.

앞 장에서 보았듯이 한국은 소득 불평등도 크지만 더 심각한 문제는 바로 커다란 자산 불평등에 있다. 자산 중에서도 부동산이 핵심이다. 해방 후 부동산값은 천문학적으로 폭등을 거듭했다. 정권에 따라 많이 오를 때도 있었고 적게 오를 때도 있었지만, 굉장히 빠른 속도로 그리고 지속적으로 오른 것은 어느 정권에서나 마찬가지였다.

1
——
말죽거리
잔혹사

몇 년 전 오랜만에 대학 동기를 만나 함께 저녁 식사를 했다. 수십 년 만에 만난 친구는 아주 흥미로운 옛 이야기를 들려주었다. 그와 나는 68학번 동기로 대학에 입학해서 같은 하숙집에서 살았다. 그는 기억력이 워낙 좋아서 내가 미처 기억하지 못하는 것들을 상기시켜줬다. 그때 그는 과외를 해서 학비와 생활비를 충당하고 있었는데, 열심히 일해서 수입이 2만 5,000원까지 되었다고 한다. 그 돈으로 그는 한 달에 5,000원이었던 하숙비 다섯 달치를 선납했는데, 다음 날 하숙집 주인이 그를 부르더란다. 그러더니 자기하고 어디 좀 같이 가자고 하면서 차에 태워 한참을 달리더니 허허벌판으로 데리고 갔다고 한다. 인가도 건물도, 아무것도 없이 풀만 자라고 있는 질퍽질퍽한 땅이었다. 하숙집 주인은 그에게 "학생, 이 돈으로 하숙비 내지 말고 땅을 사두라"고 권고를 했다는 것이다. 그래서 땅값이 얼마냐고 물으니 평당 7원 80전이었고, 그가 가진 돈 2만 5,000원으로는 3,000평 정도를 살 수 있었다. 그런데 친구는 "이런 아무것도 없는 진흙탕 땅을 사서 뭐에 씁니까? 안 합니다. 그냥 하숙비 낼랍니다" 하고는 일언지하에 거절했다고 한다. 그 땅이 옛날 '말죽거리'라고 불렸던 서울 서초구 양재동이었다. 그때 한 학기 등록금이 1만 5,000원이었던 것은 나도 기억하고 있지만, 그 친구의 뛰어난 기억력 덕분에 1968년 양재동 땅값이 평당 10원이 채 안 되었던 곳도 있었다는 사실을 알

한국 사회와 부동산 불평등

209

게 되었다.

1969년 한남대교가 개통되고 경부고속도로 건설이 시작되면서 강남은 투기장으로 변했다. 1971년 말죽거리 일대의 땅값은 1만 4,000~1만 6,000원에 달했다. 지금 양재동의 땅값이 평당 7,000만 원 정도라고 하니 지난 50여 년간 1,000만 배 정도가 오른 것이다. 강남은 개발과 투기로 땅값이 비정상적으로 오른 곳이지만 이러한 예를 들 수 있는 장소는 비일비재하다. 그 친구가 하숙비를 내지 않고 그 돈으로 3,000여 평의 땅을 사두었다면 지금은 상당한 자산가가 되어 있을 것이다.

한 달간 열심히 아르바이트를 하고 받은 임금을 투자해서 수백억 원의 자산가가 될 수 있다면 어떤가? 청년들은 이러한 현실에서 희망을 가질 수 있을까? 불로소득이 만연하게 되면 열심히 일할 필요가 없어진다. 창업이고 벤처고 무슨 관심이 있겠는가, 돈만 있다면 땅을 사두고 집을 사두는 것이 최고다. 내가 아는 사람 중에도 전국 지도를 안방 사방 벽에 붙여놓고 어디 땅값이 오르고 내리는지 그것만 연구하는 사람이 있었다. 그러면서 차를 타고 전국을 무대로 투기 행각을 벌이고 다녔다. 그런 사람들이 성공하는 반면, 열심히 일하느라 땀 흘리고 고생한 사람들은 내 집 마련이 요원한 사회가 되어버린 것이다.

땅을 가진 사람은 땅값이 오르면 이득을 보지만, 그로 인해 같은 액수로 피해를 보는 사람이 반드시 나타난다. 부동산 가격을 둘러싸고 벌어지는 게임은 결국 제로섬 게임이다. 나라 전체로 보면 하나도 이득이 될 게 없고 오히려 손해를 본다. 사람들이 열심히 일하지 않고, 벤처나 창업도 하지 않고, 기업 활동을 등한시하게 되고 오로지 투기에 혈안이 되면 그 사회는 망해갈 수밖에 없다. 그렇게 망해가는 제로섬 게임을 우리는 지난 70년간 열심히 해왔다. 너무 열심히 해서 땅값이 천문학적으로 올라 세계 최고가 되었고, 이제는 집값이 너무 올라 청년들이 아무리 열심히 일해도 집 장만을 못 하겠구나 하는 절망에 빠져 있다. 이는 사회적으로 여간 심각한 문제가 아니다.

부동산 문제를 해결하지 않고는 한국 경제가 바로 설 수 없다. 한국의 땅값은 세계에서 가장 비싸다. 30년 전쯤 이런 말이 유행했다. "한국 땅을 팔면 미국 땅 절반을 살 수 있고, 캐나다 땅을 6번, 프랑스 땅을 8번 살 수 있다"는 말이다. 최근 땅값으로 치면 이 말은 수정될 수 있겠지만, 이 놀랄 만한 수치가 크게 변하지는 않았을 것 같다. 세계적으로 부동산값이 오른 것은 사실이지만 한국의 땅값이 그들 나라들보다 더 올랐으면 올랐지 덜 오르지는 않았기 때문이다. 오히려 그 수치가 더 높아졌을 가능성이 크다. 이런 비정상적인 사회에서 이득을 보는 이들은 소수의 땅 가진 사람, 집 가진 사람들이다. 그러나 이득을 보는 만큼 반드시 그와 같은 액수의 피해를 보는 사람이 발생한다. 이런 국민적, 망국적 제로섬 게임은 하루빨리 멈추어야 한다. 그리고 생산 활동이나 창업, 기업 활동에 주력해야 한다.

나는 노무현 정부가 끝날 즈음, 역대 정권에서 지가가 어느 정도 올랐는지를 계산해본 적이 있다. 해방 직후의 통계가 없어서 겨우 1953년 한국전쟁이 끝난 뒤의 자료를 구할 수 있었다. 그 자료부터 각 정권별로 쪼개 계산을 해보았다. 전체 지가 상승 중 박정희 정권의 책임이 절반 정도 되었고, 그다음이 이승만, 노태우, 전두환 정권 순이었다. 그리고 가장 땅값이 덜 오른 시기는 김영삼, 김대중, 노무현 정부 때였는데, 상대적으로 책임이 작다고 볼 수 있다. 이런 통계를 내본 이유는 당시 언론에서 노무현 정부가 땅값과 집값을 엄청나게 올려놓았다며 연일 난리를 쳤기 때문이다.

그런데 결과는 전혀 달랐다. 우리나라 땅값은 이승만, 박정희, 전두환, 노태우 정권이 가장 많이 올려놓았고, 그 뒤에 김영삼, 김대중, 노무현 정부의 책임은 아주 작다는 것이 연구 결과였다. 우리가 매일 접하는 언론에는 사실과 다른 수많은 정보가 유포되고 있기 때문에 이것을 바로잡을 필요가 있다. 최근까지 비교해보아도 역대 정부 중 전셋값 상승률이 가장 낮았고, 공공임대주택 공급량은 가장 높았던 때가 노무현 정부 때였다. 2005년 당시 도입한 정책이 부동산을 다량 보유한 사람들에게 보유세를 징수하는 종합부동산세였다.

2
소유와 공유

최근에 다시 부동산 불평등이 심각해지고 일부 지역에 폭등 현상이 나타나고 있다. 지난 4년 동안 부동산 가격이 급등했다. 특히 서울, 그중에서도 강남 아파트 가격이 폭등했다. 성냥갑 같은 작은 아파트 한 채에 몇 십억을 한다는 게 상식적으로 말이 되지 않는다. 아파트 한 채에 10억, 20억 하는 이유는 땅값 때문이다. 그건 아파트값이 아니라 땅값이다. 아무리 고급 자재로 지었다 하더라도 자재값은 한 채당 1억이 안 될 것이다. 나머지가 땅값이라는 것인데, 건물을 받치고 있는 땅을 n분의 1로 겨우 조금씩 나눈 지분의 값이 10억, 20억이다. 이런 천문학적인 땅값이 극심한 부익부 빈익빈을 조장한다. 집을 가지지 못한 사람은 앞으로도 집을 살 희망이 사라져 절망하고 있다. 서민들의 박탈감이 하늘을 찌르는 현실이다. 이에 대해 7대 해법을 제시하고자 한다.

첫째, 토지공개념을 확립해야 한다. 부동산 투기 광풍이 불던 노태우 정부 때 토지공개념을 도입한 적이 있다. 고도성장기를 거치며 꾸준히 상승한 부동산 가격은 1988년 서울올림픽을 전후로 폭등 양상이 나타나기 시작했다. 노태우 정부는 1989년 주택 200만 호 공급과 함께 토지공개념 3법을 꺼내 들었다. 이러한 법안은 토지공개념위원회에서 발표한 연구보고서를 통해 기초가 마련되었다. 그러나 토지초과이득세법과 택지소유상한에 관한 법률은 각각 헌법 불합치와 위헌 판정을 받았고, 개발이익환수법은 시행과 중단을 거듭해왔다. 이후 노무현 정부에서 종합부동산세와 재건축 초과이익환수제 등을 도입했지만 거센 반발에 부딪혀 무력화되거나 시행이 연기되었고, 문재인 정부도 개헌안 초안을 발표하면서 토지공개념의 불씨를 살리려 했지만 결국 야당의 반대로 좌절되었다.

토지공개념에 대한 깊이 있는 논의가 다시 시작되어야 하고, 이에 대한 철학도 확립해나가야 한다. 토지는 사회 전체 혹은 공동체의 공동 소유물이다. 하늘이 모든 사람에게 함께 쓰라고 나눠 준 선물이지, 개인이 사유화해서 이익을 얻는 물질이나 자산이 아니다. 오래전에 경남 양산에 있는 가톨릭 묘지에 참배를 하러 간 적이 있는데 입구에 세워진 아주 낡은 나무 팻말에 이렇게 쓰여 있었다. "인간아, 너는 흙에서 왔으니 흙으로 돌아가거라." 결국 흙에서 와서 흙으로 돌아가는 한 생명체인 인간이 땅으로 이익을 챙기고 남을 고통에 빠뜨리는 비생산적 제로섬 게임을 70년간 계속하고 있는 것이 한국의 실정이다. 토지공개념 확립을 통해 우리 사회의 철학이 바뀌고 국민들의 사고방식이 변화해야 한다. 부동산 투기로 부를 증식하는 것이 우리 사회에서 더 이상 용납되지 않는다는 원칙이 서야 한다. 헌법에 토지공개념을 명시하고, 이를 구체적으로 실현해나가야 한다.

둘째, 보유세를 강화해야 한다. 보유세 강화는 부동산 투기를 잡는 근본 대책이다. 토지를 소유하고 있는데 그에 대한 보유세를 더 많이 내야 한다면, 땅을 소유해봐야 세금을 내고 나면 남는 게 별로 없겠구나 하는 생각이 들면서 소유의 인센티브가 줄어든다. 그러면 아무도 투기하려는 생각을 하지 않게 된다. 그래서 토지보유세는 투기를 막는 근본적인 방안이 될 수 있다. 즉 토지에서 발생하는 불로소득을 세금으로 환수하는 것이다.

처음 이러한 주장을 편 사람은 19세기 말 헨리 조지였다. 그는 미국 펜실베이니아 필라델피아의 가난한 가정에서 태어났으며 정규교육도 받지 못했다. 밑바닥에서 이 일 저 일을 전전하다 인쇄소에서 보조로 일하면서 거기에 들어오는 책들로 독학을 해 높은 학문적 경지에 이르렀다. 독실한 기독교 신자였기 때문에 종교적 사상과 결합해 토지 사유와 독점에 대한 비판을 할 수 있었다. 그는 토지란 모든 자연의 물질과 힘, 기회를 포괄하는 용어이며, 이는 자연에 의해 무상으로 주어진 것으로서 자본으로 분류될 수 없고 모든 사람에게 공평하게 귀속된다고 주장했다.

헨리 조지 Henry George
(1839~1897)

헨리 조지는 토지를 사유하고 독점함으로써 생기는 불평등 문제를 해결할 근본 방안을 모색했다. 그러려면 사유제를 없애면 되는데 이미 수천 년 동안 사유화된 토지를 공유제로 바꾸는 것은 불가능했다. 그래서 토지 사유를 인정하면서 공유제와 비슷한 효과를 내는 방법을 고민한 끝에 지대를 세금으로 환수하면 토지 가치가 없어지는 것과 같은 효과를 낼 수 있다는 생각에 이른 것이다. 1879년에 발간한 『진보와 빈곤*Progress and Poverty*』에서 그는 "사회가 눈부시게 발전함에도 불구하고 극심한 빈곤이 사라지지 않는 이유 그리고 주기적으로 경제 불황이 닥치는 이유는 토지사유제로 인해 지대가 지주에게 불로소득으로 귀속되기 때문인데, 이 문제를 해결하려면 정부가 지대를 징수하여 최우선적인 세원으로 삼아야 한다"고 말했다.

헨리 조지는 대학 강단에 서지는 않았지만 여느 대학 교수들보다 훌륭한 학자였다. 당대 최고의 경제학자였던 영국 케임브리지대학의 앨프리드 마셜Alfred Marshall과 토론을 벌이기도 했고, 영국 옥스퍼드와 케임브리지대학에서 강연을 하기도 했다. 그러나 그의 주장은 그때까지만 해도 그다지 환영받지는 못했다. 그는 연합노동당 후보로 뉴욕 시장 선거에도 출마했다. 진보적인 좌파와 시민운동가들이 그의 당선을 위해 힘을 합쳤고, 미국에 살고 있던 칼 맑스의 딸과 사위도 선거운동을 도왔다. 결국 득표율 2위를 차지해 낙선했지만, 3위로 낙선한 후보가 나중에 미국의 26대 대통령이 되는 시어도어 루즈벨트였으니 그만하면 선전한 셈이었다. 이듬해에 뉴욕주 국방장관 선거에도 출마했지만 역시 낙선했다. 4년 뒤 다시 뉴욕 시장 선거에 도전했으나 선거운동 과정에서 과로로 쓰러져 58세 나

밀턴 프리드먼 Milton Friedman
(1912~2006)

이로 세상을 떠났다.

헨리 조지의 사상은 토지에 대한 지대세 또는 보유세를 강화해 토지 사유 독점의 폐해를 막자는 것이었다. 그의 사상은 뒤에 많은 학자들이 연구와 토론을 이어가며 인정받았지만, 당시에 헨리 조지의 생각을 보증하는 사람은 거의 없었다. 20세기 시장만능주의, 시장근본주의를 옹호했던 밀턴 프리드먼은 "공짜 점심은 없다"라는 말로 유명하다. 그는 34세의 늦은 나이에 박사학위를 받고 교수가 되어 퇴임할 때까지 시카고대학에 머물며 시카고학파의 중심으로 활동했다. 1976년 노벨경제학상을 수상했고, 그의 제자들 또한 노벨경제학상을 무수히 수상했으니 자유시장경제를 논하는 데 있어 밀턴 프리드먼은 최고 권위자라고 할 수 있다. 정부의 개입과 세금을 극도로 혐오했던 자유방임주의자였던 프리드먼은 이렇게 말했다. "오래전 헨리 조지가 주장했던 토지보유세는 이 세상의 세금 중에서 가장 덜 나쁜 세금이다." 이게 무슨 말인가? 다른 말로 하면 세금은 필요악이고, 없는 게 좋고, 적을수록 좋지만 꼭 세금이 필요하다면 가장 우선적으로 거둬야 할 세금이 토지보유세라는 말이다. 그 다음에 추가 세수가 필요하면 소득세나 부가가치세 등을 거두어야 한다는 것이다. 이 말은 헨리 조지에 대한 절대적 인정이고 찬사다.

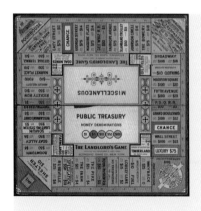

우리에게 '블루마블Blue Marble'
혹은 '부루마블'이라는 이름으
로 알려진 보드 게임 '모노폴
리Monopoly'는 부동산 투자 게
임이다. 주사위를 던져 나온
숫자만큼 전진하며 도착한 나
라의 땅을 사고, 그 위에 건물

을 짓는다. 그리고 그곳을 지나가는 다른 플레이어에게 지대 혹은 임
대료를 받아 부를 축적한다. 한 바퀴를 돌 때마다 월급을 받는데, 살
아남기 위해서는 그것만으로는 턱없이 부족하고 월급 외 수입, 즉 부
동산 수익을 늘려야 한다. 게임의 결말은 언제나 같다. 한 사람이 독
점을 하게 되면 나머지 사람들은 파산하게 되면서, '승자'와 '패자들'
로 나뉜다.

　모노폴리의 원조는 작가이자 지질학자였던 엘리자베스 매기Eliza-
beth Magie가 1904년에 만든 '지주게임The Landlord's Game'이었다. 이
게임은 독점형 게임과 반反독점형 게임, 두 가지 버전으로 만들어졌
다. 독점형 게임은 모노폴리의 원리와 비슷했지만 반독점형 게임은
전혀 달랐다. 지대를 지불하는 것까지는 같지만 지주는 받은 지대를
소유하지 않고 세금으로 내야 한다. 그렇게 돈이 쌓이면 전기나 철도
회사를 사고 누구나 무료로 이용할 수 있는 공공의 땅이 늘어난다. 특
히 임대료를 낼 돈도 없고 은행에 담보할 땅도 없는 사람들을 위한 빈
민 구제소가 있어 아무도 파산하지 않고 게임을 마칠 수 있다. 하지만

이 게임은 대공황 시기에 판권이 팔리면서 모노폴리라는 이름으로 상품화되었다. 독점의 폐단을 알리기 위해 만들어졌지만, '독점Monopoly'이라는 이름으로 인기를 끌며 자본주의의 원리를 가르쳐주는 놀이가 되었고, 지금은 '푸른 대리석blue marble'이라는 예쁜 이름으로 불리고 있다.

사실 엘리자베스 매기는 한 경제학자의 생각을 알리기 위해 지주 게임을 만들었다. 그는 『진보와 빈곤』이라는 책을 통해 토지 소유의 불평등 문제를 지적했던 헨리 조지였다. 헨리 조지는 자본주의에서 극심한 빈곤이 사라지지 않고 주기적으로 경제 불황이 닥치는 이유는 토지사유제로 인해 지대가 지주에게 불로소득으로 귀속되기 때문이고, 이 문제를 해결하려면 정부가 지대를 징수하거나 토지를 공동으로 소유하게 해야 한다고 주장했다. 헨리 조지의 지공주의는 개인이 자신의 노동생산물을 사적으로 소유할 수는 있지만 자연으로부터 주어진 토지는 모든 사람에게 공평하게 돌아가야 한다는 주장이다. 이 지공주의로부터 토지공개념이 생겨나게 되었다.

헨리 조지는 "한 사람이 다른 사람들의 생활 터전인 토지를 배타적으로 소유하면 노예 상태가 조성될 것이고, 물질적 진보가 진행될수록 그 정도가 반드시 심해진다"며 다음과 같이 표현한다. "토지사유제는 맷돌의 아랫돌이다. 물질적 진보는 맷돌의 윗돌이다. 노동계층은 증가하는 압력을 받으면서 맷돌 가운데서 갈리고 있다."

우리나라에서는 참여정부 때 종합부동산세가 도입되었다. 도입 당시 극렬한 반대가 있었고 지금도 완화해야 한다는 목소리가 끊이지 않는다. 불완전하고 미흡한 형태지만 유지되고 있는 종합부동산세는 앞으로 더욱 강화해야 한다. 극심한 부동산 투기로 인해 희망이 사라진 나라가 된 지금 상황에서 보유세 강화야말로 나라를 구할 최후의 보루가 아닐 수 없다.

셋째, 주택임대사업자 제도를 폐지해야 한다. 주택임대사업자 제도는 박근혜 정부가 2014년 도입했다. 주택임대사업자에게 세금을 감면해주면서 내세웠던 이유는 서민의 주거 안정과 세원의 투명성 확보였다. 문재인 정부는 이를 계승하면서 임대주택 등록을 활성화한다는 명목으로 세금 감면 혜택을 더욱 확대했다. 다주택자가 주택임대사업자로 등록하면 취득세와 재산세를 감면하고 양도세도 한시적으로 면제해주는 등 여러 혜택을 주었다. 불로소득에 대해 세금으로 환수하기는커녕 부동산 투기꾼들에게 면죄부를 주고 꽃길을 깔아준 것이다. 주택임대사업자 제도는 하루빨리 폐지하는 것이 옳다.

넷째, 양도소득세의 정상화가 필요하다. 우리나라는 1가구 1주택은 양도소득세가 면제이고, 2주택 이상에 대해 과세를 한다. 양도소득세는 양날의 칼이어서 양도소득세를 중과하는 것은 불로소득에 대한 과세로서 정당성을 갖지만, 한 가지 문제는 양도소득세가 무서워서 집을 팔지 않는 동결효과lock-in effect를 불러온다는 점이다. 그러면 부동산 시장에 매물이 나오지 않게 되고, 그래서 집값이 떨어지지 않는 단점이 있다.

미국의 경우 1가구 1주택이라고 해서 양도소득세를 면제해주지 않는다. 똑같이 과세를 하되 한 사람이 평생 집을 사고 팔아서 벌수 있는 이익에 한도를 정해놓는다. 예를 들어, 1억 원까지를 한도로 정해놓고 양도소득이 1억 원을 초과할 때부터 양도소득세 과세를 시작한다. 이익이 점점 많아지면 누진적으로 과세하는 것이다. 우리나라는 인구의 절반 정도 되는 1가구 1주택 소유자가 세금 면제가 되니 기회만 되면 투기의 유혹에 빠지게 된다. 그러니 정부가 아무리 과감하고 정교한 부동산 정책을 발표해도 백약이 무효다. 인구 절반의 잠재적 투기 대군을 게임에서 철수시키지 않고는 부동산 투기와의 전쟁에서 승리하기 어렵다. 국민들이 부동산 투기로 불로소득을 얻으려는 생각을 아예 못 하도록 해야 한다. 그래서 지금처럼 1가구 1주택인 경우 세금을 면제해줄 것이 아니라 소득 있는 곳에는 세금 있다는 원칙, 특히 불로소득에 대해서는 더 중과한다는 원칙을 확립해야 한다. 그래서 양도소득세의 정상화가 필요한 것이다.

우리나라 세금제도는 해방 후 수십 년간 잘못된 길을 걸어왔다. 국회와 정부가 뭐든지 감면, 면제해주며 선심을 너무 많이 썼다. 우리나라만큼 세제 혜택이 많은 나라도 드물다. 양도소득세도 1가구 1주택이라고 해서 면제해주고, 근로소득세도 저소득이라고 면제해준다. 근로소득세를 내는 사람이 노동자의 절반도 되지 않는 기형적인 상황이다. 소득이 적은 사람은 세금을 적게 내면 된다. 소득이 있는 곳에 세금이 있다는 원칙이 확립되어야 하는데, 정치권이 지지를 잃을까 봐 겁을 내며 그것을 계속 허물어왔다. 그 결과 조세 정의가 무너지고 투기 천국이 되었다.

다섯째, 이런 조치를 취하고 나면 우리나라의 무거운 부동산 거래세, 취득세, 등록세 등을 과감히 인하함으로써 사고 파는 것을 부담스럽지 않게 해줘야 한다. 그래야 공급이 더 많이 나올 수 있다. 최근 부동산 광풍에 대한 해법으로 공급 확대론이 등장하고 있지만, 이는 해결책이 될 수 없다. 공급을 확대하는 방안은 불이 난 집에 장작 몇 개를 더 던져주는 것과 같다. 노무현 정부 때도 공급을 확대해야 한다고 해서 판교에 신도시를 건설했지만, 그것이 오히려 부동산 광풍을 부채질하는 결과를 가져왔을 뿐이다. 그때를 반면교사로 삼는다면 공급 확대보다는 투기 수요를 잡는 방향이 옳을 것이다. 문재인 정부에서 공급 확대를 소홀히 하고 투기적 수요 잡기에만 집중하는 바람에 부동산 정책이 실패했다는 주장이 신문을 도배하다시피 하는데, 이는 사실과 다르다. 이명박, 박근혜, 문재인 정부 15년 동안 공급 확대가 가장 컸던 시기는 문재인 정부 때였다. 공급 부족이 정말 부동산 가격 상승의 원인이라면 이명박, 박근혜 때 공급 확대가 아주 낮았는데도 왜 가격 폭등이 없었던가. 자나 깨나 공급, 공급을 외치는 보수 학자들과 보수 언론은 이에 답해야 한

다. 공급 확대론은 돌팔이 의사의 엉터리 진단이다. 이걸로 중병이
든 환자가 나을 리 없다.

여섯째, 개발 이익을 공공으로 환수해야 한다. 제20대 대통령 선
거를 앞두고 불거진 대장동 사건은 세상을 발칵 뒤집어놓았다. 도
대체 민간 개발 회사의 평사원이 50억 원의 퇴직금을 받았다는 게
말이 되는가. 서민들은 분노했다. 우리나라는 전국 도처에 주택개
발사업이 벌어지고 있고, 개중에는 천문학적인 이익을 개발업자에
게 안겨주는 경우도 적지 않다. 대장동을 보더라도 개발 이익이 천
문학적 규모로 생겼고, 그중 절반 이상을 성남시가 환수했다. 거기
서 공공 환수한 금액은 역대 모든 지자체에서 공공 환수한 금액의
총액을 능가하니 왜 그 이상 환수하지 못했느냐고 따질 일은 아니
다. 비근한 예로 보수 정권하의 부산 해운대 엘시티 사업은 규모가
대장동보다 훨씬 큰데도 불구하고 개발 이익의 공공환수액이 0원
이라는 점과 비교해보더라도 성남시의 모델은 상당히 선방한 것으
로 평가해야 마땅하다.

한국이 부동산 투기의 천국이 되다 보니 전국적으로 재개발, 재
건축 사업이 빈발하고, 여기저기서 불로소득이 판을 친다. 이렇게
발생하는 개발 이익을 공공의 몫으로 철저히 환수하는 장치를 마
련하는 것은 토지공개념을 확립하기 위한 기본 조처다. 앞으로는
개발 이익 공공 환수의 원칙을 철저히 확립해 투기적 개발업자가
떼돈을 벌고 억울한 원주민이 피눈물 흘리며 쫓겨나는 참상이 더

이상 일어나지 않도록 해야 한다. 이것이 공정과 정의의 출발이다.

일곱째, 부동산 백지 신탁제도(줄여서 '부동산 백신')를 도입해야 한다. 한국이 부동산 투기의 천국이 된 역사를 살펴보면 모든 불행은 강남 개발에서부터 전국적으로 개발을 외친 박정희 정권에서 본격적으로 시작되었다. 그 뒤 투기의 역사가 반세기가 넘는데도 불구하고 제대로 된 부동산 정책은 나오지 않으니 집값은 폭등을 거듭하고 무주택 서민들의 절망은 깊어만 간다. 그러자 국민들은 최근 부동산 정책이 제대로 되지 않는 이유가 정책 당국자들이 스스로 부동산 부자들이어서 집값을 잡을 의지 자체가 없는 게 아닌가 하는 의심을 하기 시작했다. 실제로 정부의 고위 공무원들, 국회의원들 중에는 다주택자들이 많다. 이들이 본인의 이익에 반하는 근본적 투기 억제 정책을 주장하는 것은 별로 본 적이 없다. 그리고 2020년에 터진 LH 직원들의 투기 행위는 국민들의 불신을 더욱 키웠다.

더 이상 고양이에게 어물전을 맡겨서는 안 되겠다는 생각이 퍼져 나가고 있다. 정책 당국에 대한 국민들의 불신을 걷어낼 방책으로 고위 공직자들, 그리고 LH를 비롯한 공공기관, 공기업 관계자들에게 부동산 백지 신탁제도를 도입할 필요가 있다. 그렇게 해서 이들이 부동산으로 이득을 보는 것을 원천적으로 차단해야 한다. 주식을 통한 불로소득 방지를 위해 주식 백지신탁 제도는 시행하고 있으면서, 그보다 규모가 훨씬 크고 악영향을 끼치는 부동산 투기를 막을 부동산 백지신탁 제도를 도입하지 않는 것은 앞뒤가 맞지 않는다. 하루빨리 부동산 백지 신탁제도를 도입해 공직자들의 투기 기회를 원천 차단해야 한다.

투기 수요는 부동산 불로소득을 노리기 때문에 발생한다. 투기 수요를 막기 위해서는 불로소득을 근본적으로 차단하는 조치가 필요하다. 핵심은 보유세 강화다. 문재인 정부가 초기부터 보유세 강화 정책을 폈다면 집값은 벌써 잡혔을 것이다. 그런데 한참이 지나서 그러한 정책이 나오기 시작하니 사람들이 정부의 진의를 의심하게 되고, 지금은 정부가 어떤 부동산 정책을 발표해도 그 효과는 잠깐뿐, 금방 시들고 마는 형국이 되어버렸다. 정책의 요체는 신뢰이고, 부동산 정책은 더욱 그렇다.

사람은 모두 흙에서 나와 흙으로 돌아가는 자연의 일부일 뿐이다. 자연으로부터 주어진 토지는 누구도 독점해서 이득을 챙겨서는 안 된다는 전제가 필요하다. 더 이상 땅이 떼돈을 버는 수단이 되고, 집이라는 공간이 투기 수단이 되어서는 안 된다. 집 없고 땅 없는 40퍼센트의 국민, 그리고 미래에 나라를 이끌 주역인 청년들이 집값 폭등에 좌절해 피눈물을 흘리는 비정상 상태에서 하루빨리 벗어나 지속 가능한 성장과 정의로운 분배를 이루는 사회로 나아가야 한다.

실력주의와 불평등

피케티는 『21세기 자본』에서 19세기의 금권주의^{金權主義, plutocracy}에 대비하여 20세기에는 실력주의^{meritocracy*}가 확립된 것을 긍정적으로 평가하고 있다. 그의 관점에서 보면 19세기는 돈이 지배하는 세상이었고 불평등이 극단적으로 컸던 시기였으나 그래도 20세기는 여러 가지 제도와 정책 덕분에 돈의 위력이 줄어들고 불평등의 크기도 줄어든 시기다. 그래서 20세기는 피케티에 의하면 역사적으로 그 앞의 어떤 시대와 비교하더라도 그런대로 괜찮은 시대다. 피케티의 걱정은 21세기 이후에 자본이 점차 커지고, 따라서 불평등도 커질 것이라는 점이다.

---

* 국내 많은 저작에서 meritocracy를 '능력주의'라고 번역하고 있다. 그러나 merit는 선천적 능력과 더불어 후천적 노력까지 합쳐 형성된 한 개인의 종합적 실력 또는 성과, 실적으로 보는 것이 맞다. 능력이라고 번역하면 선천적 능력(지능)이라는 좁은 의미로 오해될 소지가 있으므로 실력으로 번역하는 것이 좀 더 정확하고 오해의 소지가 적다고 보아 이 책에서는 '실력주의'라고 쓴다.

역사적으로 보면 장구한 세월 동안 귀족주의^{aristocracy}가 있었고, 산업혁명 이후에는 자본주의가 지배적 경제체제로 등장하면서 금권주의가 인간 세상을 지배하는 원리가 되었다. 우연히 부모를 잘만난 덕분에 태어나면서부터 평생을 귀족으로 살아가면서 평민과 노예 위에 군림한다는 것은 어느 모로 보나 불공정한 체제다. 이 체제가 근대혁명에 의해 붕괴된 것은 인간 역사 발전의 필연적 결과였다. 그러나 귀족주의를 대체해서 새로 등장한 금권주의는 귀족주의만큼 불공평한 것은 아닐지 모르나 역시 부모를 잘 만나면 평생 호의호식하면서 편안히 잘살 수 있을 뿐 아니라 큰 재산을 자식에게 다시 물려줄 수 있기 때문에 불평등이 세대 간 이전된다는 점에서 대단히 불공정한 체제임에 틀림없다.

20세기에 들어 누진소득세 신설, 억강부약의 뉴딜 정책 등 여러 가지 수정, 제한이 가해지면서 금권주의의 위력은 한결 감소했다. 그래서 금권주의를 대체해서 실력주의가 등장했다고 보는 시각이 다수고, 피케티도 그런 점에서 실력주의를 긍정적으로 보는 다수의 의견을 따르고 있다. 금권주의와 실력주의를 비교한다면 분명히 실력주의가 더 나은 체제임에는 틀림없다. 돈 많은 부모를 만나면 만사형통하는 체제는 공정한 체제라고 할 수 없다. 실력은 지능, 노력, 학습 등을 합한 요인을 말한다. 자주 인용되는 마이클 영$^{Michael\ Young}$의 간단한 정의에 따르면 '실력^{merit} =지능^{IQ} + 노력^{effort}'이다.

실력주의라는 말은 영국의 사회학자 마이클 영이 만들어낸 말이다. 그는 1958년에 쓴 『실력주의의 등장*The Rise of the Meritocracy*』이라는 책에서 순전히 개인의 지능지수, 시험 점수, 실력을 토대로 형성되는 사회가 된다면 세상은 어떤 모습이 될 것인지를 상상해서 그려냈다. 이런 체제는 얼핏 매우 공정한 체제가 될 것 같지만 실상은 그렇지 않고, 오직 실력만을 기준으로 삼는 사회는 상층의 엘리트들이 자기 밑에 있는 사람들을 실력이 없다는 이유로 업신여기면서 억압, 탄압, 경멸하는 약육강식의 무자비한 세상이 될 것이라고 영은 비판했다. 그가 보기에 실력주의 사회는 합리적이고 공정한 세상이 아니고 암울한 디스토피아에 불과했다.

그럼에도 불구하고 마이클 영의 소망과는 반대로 '실력주의'라는 말은 찬양과 선망의 용어가 되어버렸다. 특히 영국의 토니 블레어는 철저한 실력주의 신봉자였는데, 총리가 되기 직전인 1996년에 그는 이렇게 말했다. "새로운 노동당은 실력주의를 신봉합니다. (…) 우리는 개인이 각자의 출생이나 특권이 아닌 자신의 재능으로 성공해야 한다고 믿습니다." 2001년 선거 유세에서 토니 블레어는 자기의 목표를 이렇게 말했다. "실력에만 기반을 둔 열린 사회, 모두의 가치가 공평하게 취급되는 사회를 만드는 것입니다. 경제와 사회를 실력과 재능에 활짝 열어젖힌, 철저히 실력주의적 개혁 프로그램을 수립하겠습니다."

마이클 영은 블레어의 연설을 듣고는 대경실색하며 큰 실망에 빠졌다. 그는 반세기 전에 자신이 전달하려 했던 메시지가 제대로 전달되지 않고, 오히려 많은 사람들이 실력주의를 맹목적으로 신봉, 숭상하는 것을 방치할 수 없어서 2001년 《가디언》지에 '실력주의 반론'을 기고했다. 마이클 영은 이 글에서 자신이 반세기 전에 풍자적으로 비판했던 실력주의를 노동당의 새로운 지도자 토니 블레어가 떠받드는 데 대해 맹공을 퍼부었다. "나는 (실력주의 때문에) 가난한 사람들과 불우한 사람들의 지위가 격하되리라 예측했는데, 실제로 그리 되어버렸다. 잘나가는 사람들에게 경멸당해 상처받으면서 그들의 사기는 땅에 떨어졌다."

마이클 영은 한때 노동자, 사회적 약자를 대변했던 노동당이 실력주의의 성장과 더불어 더 이상 그들을 대변해주지 않기 때문에 그들은 정치권에서 자기들의 입장을 대변해주는 세력을 찾을 수 없고, 그래서 더 이상 투표장에 갈 이유도 찾지 못한다는 점을 지적한다. 실력주의가 어느 정도 영국에서 위세를 떨치고 있는지를 보려면 제2차 세계대전 직후의 애틀리 내각과 블레어 내각을 비교해보라고 마이클 영은 말한다. 애틀리 내각에서 외무장관을 맡은 어니스트 베빈과 부총리를 맡은 허버트 모리슨은 어린 나이에 학교를 중퇴하고 사환, 점원 등 사회 밑바닥을 전전했던 하류층 출신이었다. 그 밖에도 사회의 하류층 출신들이 애틀리 내각에 즐비했기 때문에 보통 사람들은 스스로와 동류의식을 느낄 수 있었다. 그러나 블레어 내각에서는 자수성가형 장관은 보이지 않고 화려한 학벌을 자랑하는 실력주의 인물들로 가득하다는 것이다.*

마이클 영은 이렇게 말한다. "그러는 사이에 부자와 권력자들은 참을 수 없을 만큼 거만해졌으며, 실력주의자들이 그들의 성공이 자신의 실력 덕분이라고 믿는다면(실제로 점점 더 그렇게 믿고 있다), 그들은 무엇이든 자신이 얻은 것은 그럴 자격이 있어서 그런 것이라고 믿을 것이다. 그 결과 불평등은 해가 갈수록 심각해지고, 한때 그렇게나 예리하게, 입만 열면 평등을 외쳤던 노동당 지도자들은 더 이상 불평 한마디 하지 않는다."

"더욱 양극화된 실력주의 사회를 어찌할 것인가. 제발 블레어 씨가 자기의 말을 공적 발언록에서 삭제하기를 바라고, 아니면 적어도 그 부작용을 인정하기 바란다. 블레어와 브라운이 부자들에게 소득세를 높임으로써 새로운 실력주의와 거리를 두는 것도 도움이 될 것이다. (⋯) 아직도 최악의 사태는 막을 수 있다는 희망을 나는 갖고 있다." 마이클 영은 85세의 고령에도 불구하고 이처럼 처절하게 실력주의를 반대하는 글을 쓰고는 반년 뒤 세상을 떠났다. 백조가 세상에 남긴 마지막 울음이었다.

마이클 영이 그렇게나 걱정했던 실력주의는 미국, 영국에서 정치적 지도자들에 의해 적극 도입되었고 추천을 받았다. 미국에서 실력

---

* 대서양 건너 오바마의 휘황찬란한 첫 내각도 비슷하다. 그 내각은 옥스퍼드대학의 로즈 장학생, 마셜 장학생뿐만 아니라 노벨상 수상자를 비롯한 아이비리그 출신이 장악했다 (마코비츠, 147쪽).

주의 담론을 최초로 언급한 대통령은 레이건이었다. 그는 이렇게 말했다. "모든 미국인은 개인의 능력을 기준으로 평가받을 권리가 있다. 그리고 자신의 꿈과 노력이 허용하는 한도까지 뻗어나갈 수 있어야 마땅하다." 이런 실력주의 담론에 버락 오바마처럼 강한 애착을 가진 대통령은 없었다. 그가 실력주의를 언급한 횟수는 그 이전 대통령들이 언급한 횟수를 모두 합친 것보다 많았다. 그의 대통령 임기의 핵심 테마라고 해도 과언이 아닐 정도였다(샌델, 117쪽).

영국에서는 1990년대 토니 블레어에 의해 제창된 실력주의 신념이 계속해서 영국 정치를 지배해왔다. 2010년 총리에 오른 테레사 메이는 이렇게 연설했다.

"나는 영국이 세계 최고의 실력주의 국가가 되기를 바랍니다. 다시 말해 모든 사람이 각자의 재능과 노력이 허용하는 한 성공할 수 있는 공정한 기회를 가지는 나라가 되기를 바랍니다. 영국이 특권이 아닌 실력에 따라 위로 올라설 수 있는 나라이기를 바랍니다. 각자의 재능과 노력만이 중요하며, 태어난 집안이 어떤지, 부모가 어떤 사람인지, 어떤 악센트의 영어를 쓰는지는 전혀 상관없어지기를 바랍니다."(샌델, 121~122쪽)

실력주의, 곧 개인의 재능과 노력이 지배하는 세상은 공정하고 이상적인 세상인가? 신분이 지배하는 귀족주의나 돈이 지배하는 금권주의보다는 확실히 공평하다. 그만큼 인간의 역사가 진보하고 있다고 해석해도 좋다. 문제는 실력주의가 별다른 문제없는, 말 그대로 공정한 체제인가 하는 점이다. 어느 누구에게도 차별적 특혜를 주지 않고 타고난 가족 배경이나 부모의 경제적 배경과는 무관하게 오직 실력에 의해서만 보상이 주어진다고 하는 체제는 얼핏 보면 매우 공정하고 이상적인 체제로 보인다. 상류층, 특권층 사람들에게는 자기들의 성취를 사회적으로 공인해주는 것이므로 실력주의는 아주 매력적이고 바람직한 체제다. 그러나 하류층, 소외 계층 사람들은 좀처럼 실력주의의 공정성을 받아들이기 어렵다. 왜냐하면 이들은 살아가면서 가족 배경이나 인맥이 자신에게 불리하게 작용하는 것을 수없이 경험했기 때문이다.

많은 학자들이 실력주의를 인정하고 찬성하고 있지만 최근 들어 실력주의에 대한 회의, 비판이 크게 늘어나고 있다. 비판의 초점은 개인의 실력은 순전히 개인의 노력에 의해 정해지는 것이 아니라 가족 배경이 크게 작용한다는 점, 좋은 학교를 나온 사람은 전적으로 본인의 천부적 우수성과 후천 노력으로 그것을 달성한 것이 아니라 어릴 때부터 부모의 양육과 지원이 결정적 요인이 된다는 점, 무엇을 아는가보다 누구를 아는가가 더 중요할 수도 있다는 점, 다른 말로 하면 개인이 소유하는 사회적 자본·문화적 자본이 인적 자본 못지않게 출세에 영향을 미친다는 점 등이다. 이들 요인들을 구체적으로 검토해보자.

지금은 실력으로 대학 입학을 다투는 일이 당연한 것으로 받아들여지고 있지만 실력주의로 입학을 결정하는 관행은 그리 오래되지 않았다. 사실 미국에서는 1950~1960년대에야 이런 방식이 자리잡기 시작했다. 그 전에는 미국의 일류 대학 입학은 개신교를 믿는 상류층 자제들이 다니는 일류 기숙형 사립고 출신에 한정되었다. 당시에는 입시에서 학습 능력은 별로 중요하지 않았고 수험생이 어느 고등학교를 나왔느냐, 그리고 집에 돈이 있느냐가 관건이었다. 이런 관행을 깨뜨리고 실력주의적 입시를 도입한 선봉장이 있었으니 바로 하버드대학 총장 제임스 코 넌트James Bryant Conant였다(샌델, 제6장).

화학자로서 원자폭탄을 개발하는 맨해튼 프로젝트에도 참여했던 코넌트 총장은 세습 상류층이 하버드대학과 미국 상류사회를 독점·지배하는 것은 민주주의 이상에 반하는 잘못된 현상이라고 보아 그것을 바꾸려고 노력했다. 코넌트는 이렇게 말했다. "고등교육을 기회로 가는 주요 관문으로 삼아야 한다. 사회적 상승의 진원지로 만들어 사회가 유동성을 유지하도록 해야 한다. 그러려면 사회경제적 배경과 상관없이 모든 학생들에게 자기 재능이 허락하는 한 성공할 수 있도록 기회를 줘야 한다." 그는 학생들의 집안 배경을 무시하고 SAT 같은 적성검사 혹은 IQ 검사로 학생들의 입학을 결정해야 한다고 믿었다. 그렇게 함으로써 대학이 가난한 집 아이들에게 사회적 신분 상승의 사다리가 되기를 희망했다.*

코넌트 총장이 보기에 적성시험이나 IQ 검사는 학생들의 수학능력을 평가하는 공정하고 민주적인 수단이었다. 실제로 SAT 시험을 주관하는 대학입시위원회는 오랜 동안 이 시험이 학생들의 학업 적성을 평가하는 시험이며, 과외로 점수를 올리는 것은 불가능하다고 주장해왔다. 그러나 코넌트 총장의 바람과는 반대로 SAT는 사회경제적 배경과 무관하게 타고난 지능을 측정하는 시험이 아니라는 것이 점차 드러나고 있다. 부모의 소득이 높을수록 자녀의 SAT 점수는 올라간다는 사실이 밝혀지고 있다.

1,600점 만점인 SAT 시험에서 1,400점 이상을 맞을 확률은 연소득 20만 달러 이상의 부잣집 출신에는 5분의 1인 반면, 연소득 2만 달러 이하의 빈곤 가정에서는 50분의 1에 불과하다.** SAT를 주관하는 칼리지보드가 2006년 발표한 것을 보면 연간 소득이 10만 달

---

* 코넌트가 호출한 사람들 중에는 3대 대통령 토머스 제퍼슨이 있었다. 제퍼슨은 부와 태생에 따른 귀족제를 반대했으며, 그 대신 미덕과 재능에 근거한 '자연 귀족제(natural aristocracy)'를 희망했다. 자연은 귀한 재능을 부잣집에만 내려주지 않고 모든 계층에 공평하게 뿌려주기 때문에 교육과 훈련을 통해 그런 재능을 찾아내 계발하는 것이 중요하다고 제퍼슨은 생각했다. 제퍼슨은 교육 시스템이 "가난한 계층에서 천재적 젊은이들을 골라낼 수 있는" 기제가 될 것으로 기대했다(샌델, 253~254쪽).

** 경제학자 캐롤라인 혹스비의 연구에 의하면 신입생 평균 SAT 점수가 1,400점이 넘는 명문대에 입학하면 졸업 후 생애소득이 700만 달러를 넘을 확률이 높은데, 이는 다른 대학에 비해 200만 달러가 높은 것이다(터프, 55쪽).

러를 넘는 가정의 수험생은 영어와 수학의 평균 점수가 각각 549점, 564점이었으나 1만 달러 미만 가정의 수험생은 429점, 457점에 불과했다. 소득이 1만 달러씩 오를 때마다 영어, 수학 성적은 각각 13.3점, 11.8점씩 올라갔다(강준만, 271~272쪽).

SAT 고득점자들은 그 부모가 대학 학위 소지자인 경우가 압도적으로 많다. 따라서 어릴 때부터 부모가 아이들을 잘 가르칠 수 있을뿐더러 다른 이점도 많다. 예를 들어 학사학위가 있는 부모 중 자녀에게 책을 읽어주는 이들은 고졸 미만 부모의 2배 이상이다. 자녀를 미술관, 박물관, 역사 유적지에 데려가고 예술 강좌에 등록시키는 부모도 2배 정도 된다(마코비츠, 227쪽).

부잣집 자녀들은 여러 가지 과외 활동에 참여하여 소위 말하는 '스펙 쌓기'가 유리하고, 사설 모의시험 코스에 접근하기도 쉽고, 과외교사를 두어 점수를 올리기도 한다. 미국에서는 날이 갈수록 과외가 성행해서 뉴욕 맨해튼 같은 곳에서는 과외비가 시간당 1,000달러나 된다. 몇 년 전 방영된 TV 드라마 〈스카이 캐슬〉이 우리나라 특권층의 유별난 자식 사랑, 천문학적 고액 과외의 실상을 고발해서 우리 사회에 커다란 경종을 울렸는데, 최근 들어 미국의 과외 열풍은 한국 못지않다. 과외는 한국의 신종 수출품인가.

미국에서 과외 열풍은 상상을 초월한다. 과외 교사에게 지불하는 비용이 예일대 4년 학비를 능가하기도 하고, 소득수준이 높은 코네티컷주의 어느 지방에서는 지체장애자 특별 선발을 노려 무려 18퍼센트의 학생이 지체장애 판정을 받기도 했다.* 부잣집 아이들은 부모가 자녀의 숙제를 대신 해주는 경우도 많다. 1976년에서 2012년 사이에 아이의 숙제를 부모가 대신 해주는 숫자가 다섯 배로 늘어났다. 아이들의 성장 과정에 개입해서 도와주는 극성 엄마들이 늘어났고, 아이들의 노는 시간은 줄어들었고 숙제는 늘어났다.

"사립이든 공립이든 엘리트 학교는 학생들에게 극한의 노력을 요구한다. 실제로 미국에서 중학생이 밤마다 세 시간씩 숙제를 하고 고등학생이 다섯 시간씩 숙제하는 것은 특이한 일이 아니다. 실제로 미국 질병통제예방센터가 학교 숙제로 말미암은 수면 부족의 악영향을 경고했을 정도다. 더 나아가 방과 후에는 가정교사, 코치, 시험대비 업체 등이 제공하는, 끊임없이 이어지는 보충 교육이 부유층 자녀를 옭아맨다."(마코비츠, 92쪽)

경제학자 마티아스 되브케와 파브리치오 질리보티의 연구에 따르면, 지난 30년간 과보호 학부모의 등장은 경제적 불평등이 증가하고 교육에 대한 보상이 커진 데 따른 자연스런 반응이라는 것이다. 따라서 부모의 개입이 가장 크게 증가한 곳은 미국이나 한국 같은 불평등한 나라이고, 그 반면 스웨덴이나 일본처럼 불평등이 비

---

* 지체장애 학생은 SAT 시험을 볼 때 보통 학생들에 비해 시험 시간이 추가로 주어지는 점을 악용한 사례.

교적 덜 불거진 나라에서는 그런 극성 부모도 덜 나타났다고 한다(샌델, 280쪽).

2 ── 승자도 패자도 불행

부유한 가정 출신 아이들은 좋은 집안 배경과 극성 부모 덕분에 명문대 입학에는 성공하지만 극도의 불안장애에 시달린다. 이들은 장기간의 경쟁 속에서 부모에 지나치게 의존하게 되고 극단적 고립감, 무력감, 불안, 우울증에 시달린다. 젊은이들 중에서 심각한 정신적 문제를 가진 아이들은 주로 부유한 가정 출신이다. "전국적으로 부유한 고등학교의 학생은 가난한 가정의 학생에 비해 마약 복용과 알코올 남용 비율이 높으며 이들 중 심각한 임상 우울증과 불안장애를 앓는 학생의 비율은 전국 평균의 2~3배다."(마코비츠, 108쪽)

그들이 대학 입학 전에 겪었던 정신적 스트레스는 대단히 크며, 대학 입학 후에도 긴장은 계속된다. 그것은 주로 '반드시 성공해라', '뭘 이뤄라' 같은 실력주의적 압력을 끊임없이 받아온 결과다. 이들은 오랜 세월 동료들을 뛰어넘어 성공해왔으나 끊임없는 경쟁 스트레스로 인한 정신적 고통에 시달린다. 요즘 대학생들 중 우울증 진단을 받는 비율은 21세기 초의 2배다. 대학생들 사이에 우울증, 불안증이 광범위하게 퍼져 있고, 마약 의존도 또한 높다. 미국 100개 대학의 대학생 6만 7,000명을 대상으로 조사한 바에 따르면 대학생 5명 가운데 1명이 최근 1년 동안 자살을 생각한 적이 있었고, 그 가운데 4명은 정신과 진료를 받고 있다. 청년 자살률은 2000~2017년 사이에 36퍼센트 증가했다.

그뿐만 아니라 쉴 새 없는 치열한 노력이 성년기에 접어든 뒤에도 한참 동안 지속되며, 상위 노동자의 경력 내내 이어진다. 나이 든 엘리트는 과도하게 일한다. 일률적이고 가차 없이 이어지는 근무 시간 때문에 상위 노동자의 삶은 침몰한다. 《하버드 비즈니스 리뷰*Harvard Business Review*》의 조사에 따르면, 고소득이 보장되는 극한 직업 가운데는 ″62퍼센트가 주당 50시간 넘게 일하며, 35퍼센트는 60시간 넘게, 10퍼센트는 80시간 넘게 일한다. 투자은행 간부들은 오전 6시에 출근해서 자정까지도 일하는데, 주당 80~120시간씩 일한다. 변호사들도 과거에 비해 훨씬 더 많이 일한다. 1960년대에는 1년에 평균 1,300시간 일하던 변호사들이 지금은 2,400시간 일한다.

더욱이 실력주의 엘리트는 치열한 경쟁의 압박 속에서 그처럼 어마어마한 노력을 이어간다. 오늘날 실력주의 경쟁은 엘리트의 삶 곳곳에 침투한다. 요즘 법무법인은 수입 기여도를 토대로 파트너 변호사의 등급을 인정사정없이 나눈다. 파트너 간 수입 격차는 20배에 달한다. 최고위 파트너조차 수입을 창출하지 못하면 가차 없이 쫓겨난다. 한때 대학 입시철이나 임원 승진 시기와 같이 예외적인 기간에 한정되었던 평가가 이제는 엘리트 경력의 모든 단계에 영향을 미친다(마코비츠, 92~93쪽).

말하자면 실력주의의 만연으로 인해 그 승자들조차도 엄청난 과로, 스트레스와 불행에 빠져 있는 것이다. "가장 훌륭한 성과를 올리는 학생과 노동자 역시 가장 불안정한 상황에 처하게 되었다. 그 어느 곳보다 상층부에서는 작은 성과 차이에도 보상의 격차가 벌어지기 때문이다. 엘리트의 불안정성은 출생과 거의 동시에 시작되어 결코 끝나지 않는다. 특히 실력주의 사다리 꼭대기에서 불안정성은 최고조에 달한다(마코비츠, 96~97쪽)." 이처럼 승자는 승자대로, 패자는 패자대로 불행한 것이 실력주의의 특징이다. "패자에게는 관대하지 않고, 승자에게는 압제적임으로써 실력주의는 폭군이 되었다"(샌델, 301쪽)고 하는 마이클 샌델Michael Sandel의 말은 정곡을 찌른다.

코넌트 총장이 꿈꾸었던 교육을 통한 신분 상승, 무계급사회는 도래하지 않았다. 미국에서 소득 불평등은 1960~1970년대에 비해 지금 훨씬 커졌다. 가난한 집 아이가 본인의 노력 여하에 따라 사회의 꼭대기까지 올라갈 수 있다는 소위 '아메리칸드림'은 꿈속에서만 보일 뿐 현실에서는 찾아보기 어렵다. "통념상 실력주의는 기회의 평등과 결합되는 일이 많다. 물론 실력주의가 기회의 평등을 보완하는 요소로 받아들여졌으며, 초기에는 엘리트 계층을 다른 계층에 개방한 것도 사실이다. 그러나 현재는 사회 이동을 촉진하기보다 억제하는 요소에 가깝다. 한때 사람들을 하찮은 주변부에서 미국의 상층으로 올려놓았던 수단들이 현재는 급격하게 줄어들고 있다. 중산층 가정은 부유한 가정처럼 정성스러운 교육을 감당할 여력이 없으며, 평범한 학교는 충분한 자원을 끌어모으지 못하고 열등한 교육을 제공하기 때문에 갈수록 엘리트 학교에 뒤처지는 추세다. 일류 대학조차 교육보다 성과를 강조함에 따라 중산층 출신 학생들이 승리할 수 없는 입학 경쟁이 펼쳐지고 있으며, 일류 대학의 학생회를 구성하는 대다수는 부유층 자제다. 오늘날의 실력주의 교육은 일반 국민이 아니라 엘리트 계층의 목표를 충족하는 도구나 마찬가지다(마코비츠, 22~23쪽)."

미국의 고등교육 제도는 사회 이동의 강력한 원동력이며, 대학 교육을 통해 청년들은 빈곤층에서 벗어나 중산층으로, 그리고 중산층에서 부유층으로 확실하게 도약할 수 있다. 그러나 실제로는 대학 교육이 정반대에 가까운 역할을 하고 있다. 지금의 대학 교육은 사회 이동을 가로막는 걸림돌이자, 경직된 사회구조를 더 공고히 하고, 태어난 환경에서 벗어나지 못하게 하는 장애물이다. 토크빌이 목격했던 19세기 미국의 사회 이동과 비교해보면 지금까지 누구에게나 열려 있다고 믿었던 기회는 이제 소수에게만 열려 있는 듯하다. 미국의 현행 대학입시제도는 기회 균등과 평등이라는 가면을 쓰고 오히려 예전의 낡은 귀족제를 되살려놓았다(터프, 35쪽).

확실히 미국 대학 재학생들의 구성은 코넌트 이전의 앵글로 색

슨-개신교-남성-부잣집 출신의 독점 구조가 깨졌지만 여전히 하
류층에게는 오르기 힘든 벽이다. 일류 대학 학생들 대부분은 부잣
집 자녀들이다. 미국의 최고 100개 대학 재학생의 70퍼센트 이상
이 소득분위 상위 4분의 1 가정 출신이고, 하위 4분의 1 가정 출신
은 3퍼센트밖에 안 된다. 상위 1퍼센트의 부유한 가정 출신은 아이
비리그 대학*에 입학할 가능성이 하위 20퍼센트의 가난한 가정 출
신의 77배나 된다(샌델, 262~264쪽).

많은 사람들이 교육이야말로 성공의 열쇠이며, 실력주의의 핵심
이라고 생각한다. 공부를 잘해서 좋은 학교를 졸업했다는 사실은
그 사람의 실력을 만천하에 알리는 증명서라고 간주하는 것이다.
이런 관점에 의하면 학교 교육은 한 개인의 인적 자본에 대한 투자
이며, 투자를 많이 한 사람이 그 보상으로 높은 소득을 버는 것은 너
무나 당연한 결과라고 보는 것이다. 이런 관점은 어느 사회에서나
널리 인정받고 있는 교육을 보는 표준적 사고 방식이다.

그러나 학교를 보는 다른 관점도 있다. 프랑스의 사회학자 부르
디외Pierre Bourdieu는 학교를 '사회계층을 재생산하는 매개'라고 보았
다. 부모의 사회계층이 자식에게로 그대로 재생산되는데, 과거에는
이것이 신분상의 차이로 자동 재생산되었다면 현대에 와서는 학교

---

* 아이비리그 대학의 역사와 실태에 관해서는 강준만의 『아이비리그의 빛과 그늘』을 보라.

교육이라는 매개를 통해 재생산된다고 보는 것이다. 귀족제도의 종말과 더불어 부모의 신분이 자식에게 그대로 이전되는 방식은 더이상 작동하지 않는다. 그러나 여전히 학교라는 매개를 통해 부모의 사회계층이 자식에게 이전되고 있으며, 이는 과거보다 훨씬 은밀한 방식으로 이루어지고 있어서 사람들이 그 정당성에 대해 별로 의심을 하지 않는다. 단순히 저 사람은 머리가 좋고 공부를 열심히 해서 좋은 학교를 졸업했구나 하고 생각하고, 저 사람은 실력이 있으니 성공했구나 하고 인정하게 된다는 것이다.

3 — 급진파 경제학의 교육관[*]

◎

미국의 급진파 경제학자 새뮤얼 보울즈Samuel Bowles와 허버트 긴티스Herbert Gintis는 이미 오래전에 이와 비슷한 주장을 폈다. 그들은 공저한 책 『자본주의 미국의 학교 교육Schooling in Capitalist America, 1976』에서 미국의 자본주의는 기본적으로 불평등한 체제인데, 그것을 계속 유지하고 온존시키기 위해서는 불평등을 합리화·정당화할 필요가 있고, 그런 목적에 부응하는 것이 학교교육이라고 주장했다. 즉 사람들이 자본주의에서 발생하

---

[*] 이 절에 대한 더 자세한 분석은 이정우의 『불평등의 경제학』 「제3장 교육과 불평등」을 참조하라.

는 커다란 빈부격차를 좀처럼 받아들이기 어렵고 따라서 체제 비판적인 관점을 갖기 쉬운데, 이것은 자본주의 체제 유지를 곤란하게 만드는 요인이다. 그 대신 빈부격차를 학교교육의 차이로 설명하면 그에 대해 이의를 제기하기 어렵다는 것이다. "저 사람은 부자 아버지를 만나서 부자다"라고 말하면 그것은 사람들의 동의를 얻기 어렵지만, "저 사람은 머리가 좋고 공부를 열심히 해서 좋은 학교를 나왔고, 그래서 돈을 잘 번다"고 설명하면 뭐라고 반박하기 어렵고 승복할 수밖에 없다는 것이다.

보울즈에 따르면 교육이 소득에 미치는 영향은 상당히 큰 것이 사실이지만 이것은 껍데기에 불과하고, 실제로는 그 배후에 사회·경제적 배경socio-economic background이 중요한 역할을 한다. 그가 실증적 자료를 써서 이 가설을 검증한 결과, 교육이 소득에 미치는 영향은 꽤 큰 것이 사실이지만 이 모델에 사회·경제적 배경이라는 변수를 추가해보면 교육 자체의 설명력은 원래 설명력의 60퍼센트 이하로 떨어진다고 한다. 그리고 사회·경제적 배경은 소득 불평등의 13퍼센트를 설명하는데, 교육이라는 변수를 추가해봐야 설명력은 2.1퍼센트밖에 더 증가하지 않기 때문에 소득의 결정에 있어 교육보다는 사회·경제적 배경이 더 중요한 요인이라고 주장한다.

보울즈와 긴티스는 한걸음 더 나아가 흔히 이용되는 IQ 검사에 대해서도 비슷한 논리를 적용해 비판한다. 즉 IQ 점수와 경제적 성공 사이에는 플러스의 상관관계가 발견되기 때문에 얼핏 보면 높은 IQ가 경제적 성공을 가져오는 것 같은 인상을 주기 쉽다. 그러나 여기에 사람들의 사회·경제적 배경을 고려하고 나면 두 변수(IQ와 성공) 사이에는 상관관계가 거의 없어지므로 높은 IQ가 경제적 성공의 원인이 아니라는 것이다. 그럼에도 불구하고 실제로 IQ는 학교교육과 마찬가지로 자본주의의 불평등한 계급 구조를 합리화하는 데 편리한 도구로 이용되고 있다는 것이 이들의 해석이다.

보울즈와 긴티스에 따르면, 자본주의에서 교육은 무엇보다도 불평등한 계급 구조를 비추는 거울이며 동시에 계급 구조를 재생산하는 역할을 수행한다. 보울즈와 긴티스는 역사적으로 볼 때 19세기 말에 미국의 대중 교육이 급속도로 확산된 사실은 그 자체가 미국에서 자본주의의 발달과 공장제 생산의 확대에 부응하기 위한 것이었다고 해석한다. 즉 당시의 대중 교육 확산은 유럽에서 건너온 다수 빈민들의 주도에 의한 아래로부터의 요구에 의해 이루어진 것이 아니라 오히려 그들의 반대를 무릅쓰고 위로부터 강제로 부과된 성질의 것이었다. 그 근본적 이유는 우후죽순처럼 생기는 공장에서 인력의 필요성, 즉 상부의 명령에 잘 복종하고 기율이 서 있는 대량의 임금노동자를 양성해낼 필요가 있었던 자본가의 요구에 부응한 것이었다는 해석이다. 즉 미국의 대중 교육은 출발부터 자본가들의 이해관계와 요구에 따라 발생했다는 것이다.

자본주의적 분업은 본질적으로 위계적·관료주의적 직무 구조를 특징으로 하는데, 특히 20세기에 들어 대기업이 급성장함에 따라 이런 경향은 더욱 두드러지게 되었다. 이와 같은 작업장의 성격은 교육에도 고스란히 반영되어 학교 내부의 조직과 인간관계도 위계적·관료주의적으로 변한다. 그뿐 아니라 교육은 장차 작업장의 위계질서에 잘 적응하고 명령에 순순히 복종할 수 있도록 일찍부터 학생들을 훈련시키는 역할을 맡는다. 따라서 교육의 주요 목적은 학생들의 인식 능력을 제고시키는 데 있는 것이 아니라 작업장에 적합한 심성이나 사회적 태도를 양성하는 데 있는 것이다.

부모의 작업장에서의 경험이 자식들의 가정교육에 반영되어 그것이 계급 구조를 세대 간에 이전시키는 동화작용을 하게 된다는 주장이 있다. 무슨 말이냐 하면, 노동자들은 자기 자식을 키울 때 자식들이 자기와 마찬가지로 장차 노동자가 될 것으로 예상해서 노동자로 살아가기에 적합한 태도와 심성을 갖도록 자식들을 훈육하는 경향이 있다는 것이다. 즉 윗사람의 명령에 고분고분 복종하고 감히 대들지 않는, 소극적이고 수동적인 태도를 갖도록 자녀들을 키운다는 것이다. 이와 달리 자본가·기업가 계급의 가정에서는 자식을 키울 때 적극적이고 자기 주장을 분명히 하도록 키운다는 것이며, 이런 가정교육의 차이가 나중에 아이들이 자라 사회에 진출했을 때 태도와 심성에서 뚜렷한 차이를 가져온다는 것이다.

4
—
불평등을
재생산하는
교육

계급 간에 가정교육의 차이가 있을 뿐 아니라 학교교육에도 그런 측면이 다분히 존재한다. 고등학교까지는 학생들에게 교과목 선택권이 없고, 수업 방식도 학생들에게 수동적 태도를 요구하며, 지각이나 조퇴를 엄격히 통제하는 등 학교 기율도 매우 엄한 데 비해 대학에 입학하면 학생들에게 교과목 선택권이 주어지고, 수업 분위기도 학생들의 적극적 참여와 창의를 존중해주며, 학생들에 대한 기율의 강요가 거의 없다시피 할 정도로 자유를 허용하는 엄청난 차이가 있다. 그 이유는 무엇일까? 다른 이유도 있겠지만 그것은 고졸자는 장차 자본주의의 위계적 직무 구조의 하층에 들어가 상관의 명령을 받으며 일할 사람들이고, 대졸자는 상층에서 이들을 지휘 감독할 사람들이기 때문에 학교교육에서 벌써 그런 훈련의 차이가 나타난다고 보울즈와 긴티스는 설명한다.

교육이 자본주의의 계급 구조를 재생산하는 또 다른 경로는 그것이 노동자들을 분할지배divide and rule하는 수단이 된다는 것이다. 즉 인종이나 성별과 마찬가지로 교육은 노동자계급을 분단segmentation시켜 단결을 방해하는 수단이 될 수 있다는 것이다. 이와 관련해 교육이 수행하는 또 하나의 기능은 불평등을 합리화하는 것이다. 자본주의하의 경제적 불평등은 기본적으로 유산계급과 무산계급 사이에서 발생하는 것인데, 교육이 이를 은폐하는 수단이 되고 있다는 것이다. 부잣집 아들이 부모를 잘 만나서 잘산다는 것은 정당화하기 어렵지만 교육을 많이 받았기 때문에 소득이 높다는 것은 훨씬 쉽게 정당화할 수 있기 때문이다. 그러나 사실 교육은 그런 명분을 제공해줄 뿐이고 불평등의 근본 원인은 계급 간 불평등이다. 그런 의미에서 교육을 받아서 소득이 높아진다고 주장하는 인적 자본human capital 이론은 자본주의의 불평등과 착취를 은폐하고 미화하는 이데올로기에 불과하다는 것이다.

결국 급진파의 관점에서 볼 때 자본주의사회에서 소득의 불평등을 야기하는 것은 근본적으로 불평등한 계급 구조 또는 사회·경제적 배경의 차이다. 교육이 높은 소득을 보장하는 것처럼 보이지만 실제로는 교육이 계급 구조를 반영하고 있기 때문에 나타나는 외피적 현상일 뿐이다. 따라서 왜 학력이 높을수록 소득이 높은가 하는 질문에 대한 급진파의 해답은 명백하다. 그것은 학력이 높은 사람은 사회·경제적 배경이 남보다 우월하기 때문이지 교육 그 자체가 소득을 높이는 것은 아니라는 것이다.

그 증거로 그들은 여러 가지 자료를 제시한다. 앞에서 인용한 보울즈의 연구를 보면, 첫째로 사회·경제적 배경이 교육에 미치는 영향이 매우 크다. 둘째로 교육이 소득에 미치는 영향은 사회·경제적 배경을 고려하면 무시할 만큼 작다. 셋째로 계급에 따라 교육에 대한 대가代價가 다르게 나타난다. 예컨대 미국의 진보적 사회학자인 라이트Eric O. Wright의 연구에 따르면, 경영자와 노동자의 교육 투자수익률을 비교할 때 후자가 훨씬 낮게 나타난다고 한다. 이런 결과는 인적 자본 이론의 명제와는 양립하기 어렵다.

이런 급진파의 교육 가설은 최근 벌어지고 있는 실력주의 논쟁에 선구적으로 기여했다고 해석할 수 있다. 최근의 실력주의 비판론은 학교교육에서 높은 성취를 이루고 고액 연봉을 자랑하는 사회적 성공자들이 과연 그런 대우를 받을 만한 자격이 있는가 하는 질문을 던지는데, 실력주의의 일반적 명제, 즉 IQ가 높고 열심히 공부해서 좋은 학교를 졸업한 사람은 경제적·사회적으로 보상받을 자격이 있다는 사회 통념에 반기를 들기 때문이다. 실력주의 비판자들은 성공한 사람들이 본인의 노력과 지능에 의해 보상받았다기보다는 부모를 잘 만나서 어릴 때부터 남다른 가정교육을 받았고, 학교에 입학한 뒤에도 부모의 끊임없는 관심과 보살핌 그리고 고액 과외까지 받을 수 있는 경제적 여유가 있었기 때문에 성공할 수 있었다고 보며 문제 제기를 한다. 이런 문제 제기는 실력주의의 급소를 아주 예리하게 찌르는데, 사실 이런 문제의식은 이미 반세기 전에 급진파 경제학에서 강력하게 주장했던 것이라는 점에서 급진파 경제학의 선견지명을 높이 평가하지 않을 수 없다.

<table>
<tr>
<td>
5

학력
인플레이션
◎
</td>
<td>
실력주의가 빚어낸 사회적 풍경 중에는 학력 인플레이션이라는 현상이 있다. 미국인 중에서 대학 교육을 받은 사람은 20세기 초에는 5퍼센트도 되지 않았으나 지금은 과반수를 차지할 정도로 엄청나게 높아졌다. 지난 한 세기 동안
</td>
</tr>
</table>

평균적 학력 수준이 높아지면서 신입 사원을 채용할 때 높은 하력 조건을 내거는 회사들이 늘어났다. 각 개인이 좀 더 나은 기회를 찾기 위해 각자 교육에 대한 투자를 늘렸지만 전체적으로 교육 수준이 높아지고 있으므로 개인이 기회를 포착할 가능성이 높아지는 것은 아니다. 사회 전반적으로 높은 보수를 찾아 교육에 대한 투자를 늘려나갈 때 랜들 콜린스Randall Collins가 말하는 학벌주의credentialism 또는 로널드 도어Ronald Dore가 말하는 학위병diploma disease이 나타나고 학력 인플레이션 현상이 발생한다. 로널드 도어에 의하면 한 가지 특징적인 것이, 학위병이라는 병은 선진국보다는 후진국에서 더 광범위하게 발견되고 그 증세도 더 심각하다고 한다(Dore, 1976).

학력 인플레이션 때문에 지적 역량을 별로 필요로 하지 않는 일자리에조차 점차 높은 학력을 요구하는 경향이 생긴다. 비디오 가게를 관리하는 데 학사학위가 필요한 것은 아니다. 하지만 비디오 가게 관리직에 지원하는 사람들 가운데 학사학위 소지자가 포함되어 있으면 학위를 갖고 있지 않은 사람들 대신 이들이 먼저 선택될 테고, 그러면 머지않아 학사학위가 비디오 가게 관리직에 취업하는

데 필수 요건이 될 것이다(맥나미, 밀러, 76쪽).

교육 기회의 평등은 실력주의 시스템에서 중요한 부분이지만 교육 기회가 평등하게 주어진 적은 거의 없다. 가족의 사회·경제적 지위와 태어날 때부터 '주어진' 특혜들은 교육적인 성취에 직간접적으로 영향을 미친다. 따라서 학교는 사회에 존재하는 기존의 불평등을 오히려 더 반영하고 심화시킨다. 학교는 특권층 자녀들이 갖고 있는 사회적 자본과 문화적 자본을 더욱 발전시키고 이런 자본들이 갖고 있는 가치를 인정함으로써 특권층 아이들에게 더 많은 보상을 제공한다. 반면 사회·경제적 지위가 낮은 집안 아이들에게는 별 볼일 없는 교사와 질이 떨어지는 교육과정, 수준별 수업, 부실한 학교를 배정하고, 이런 요소들이 만들어내는 낮은 기대치라는 자기충족적 예언self-fulfilling prophesy을 강요하는 등 사회적 자본과 문화적 자본이 부족하다는 이유로 그 아이들을 벌한다. 그 결과 저소득층과 소외 계층 아이들은 학교로부터 제대로 된 보상도 받지 못하고 가치가 낮은 자격증을 획득한다. 또한 불평등은 세대를 이어 계속 대물림된다. 이는 곧 취업 경쟁은 치열해지고 학력 인플레이션은 심화되는 가운데 전반적으로 교육 성취 수준만 높아졌을 뿐 계층은 계속해서 세습되고 있다는 뜻이다. 이는 곧 사회적 이동성이 이루어지기 힘든 세상이 되어간다는 뜻이다. (맥나미, 밀러, 80~81쪽)

맥나미McNamee와 밀러Miller는 전통적 이론에서 강조하는 교육의 기능, 즉 인적 자본의 축적보다는 사회적 자본social capital과 문화적 자본cultural capital의 역할을 강조한다. 사회적 자본이란 당신이 누구를 알고 있는가, 즉 당신이 알고 있는 누군가의 가치를 뜻한다. 사람은 누구나 사회적 관계의 네트워크 속에서 살아가는데, 여기서 중요한 것은 당신이 '어떤 위치의' 사람을 아는가 하는 것이다. 특권층이나 상류층 가정에서 태어난 아이들은 자라나면서 자연스럽게 풍부한 사회적 자본을 갖추게 된다.

실력주의와 무관한 또 하나의 자본인 문화적 자본은 개인이 속해 있는 집단의 구성원으로 인정받기 위해 갖추어야 하는 조건들, 즉 그 집단의 규범과 가치관, 신념, 스타일, 매너, 학위, 여가 활동, 라이프 스타일 등을 총괄하는 말이다. 문화적 자본은 사회적 자본과 마찬가지로 사회적 출세를 위한 기회에 접근하려면 갖추어야 하는 일종의 정보의 총칭인데, 하루아침에 형성되는 것이 아니고 오랜 시간에 걸쳐 서서히 형성되는 자본이다. 상류층 아이들은 어릴 때부터 부모의 인도에 따라 자연스럽게 문화적 자본을 축적해가는 데 반해, 하류층에서는 좀처럼 이런 문화에 접근할 기회가 없다. 영화 〈마이 페어 레이디My Fair Lady, 1964〉에서 배우 오드리 헵번이 상류층의 매너와 어법을 배우기 위해 엄청난 시간을 투자하는 장면을 생각해보라. 누구라도 문화적 자본 없이는 상류층에 접근할 수 없고 거기서 얻는 고급 정보와 인맥을 활용할 수 없다.

사회적 자본과 문화적 자본은 무형의 자본으로, 실력으로 얻을 수 있는 것이 아니고 가정 배경에 따라 차별적으로 접근이 허용되는 일종의 세습적 자본이다. 그러므로 이런 무형의 자본은 개인의 재능과 노력에 의해 사회적 성공이 좌우된다고 주장하는 실력주의 명제와 맞지 않는, 실질적으로 사회를 움직이는 보이지 않는 힘이다.

6 — 노동의 존엄성 훼손

실력주의가 사회에 만연함에 따라 노동시장에 뚜렷한 변화가 나타나고 있는데, 이는 불평등을 확대하는 방향이다. "실력주의로 말미암아 직업은 엘리트 대학에서 특별한 교육을 받은 대졸자들에게 유리한 방향으로 변화하고 있다. 그 결과 직업은 학교에서 형성된 불평등을 확대하고 심화한다. 실력과 성실한 직업의식만으로는 더 이상 좋은 일자리가 보장되지 않는다. 노동시장이 갈수록 특별한 교육과 값비싼 훈련을 받은 인력을 우대하는 추세로 변화하는 가운데 일류대학 학위가 없는 중산층 노동자들은 노동시장 전반에서 차별받는다(마코비츠, 22쪽).

실력주의가 빚은 폐단 중 하나는 노동의 존엄성을 심각하게 훼손한 것이다. 미국에서 노동자의 평균 임금은 지난 반세기 동안 하락해왔다. 현재 일하는 노동자들은 평균적으로 자기 아버지나 할아버지보다 낮은 보수를 받고 있다. 자본주의 역사에서 이런 일은 처음 보는 현상이다. 과거에는 늘상 아버지보다는 아들의 임금이 높고, 아버지는 할아버지보다 높은 임금을 받았다. 이런 불문율이 최근에 와서는 깨진 것이다.

그러니 노동자들이 불행해하는 것은 당연한 결과다. 그런데 현대의 실력주의 시대는 노동자에게 금전적으로 고통을 주는 것 외에 심리적으로도 상처를 주고 있다. 즉 노동의 존엄성을 깎아내림으로써 자존심에 상처를 준다. 시험 점수를 잘 따고 좋은 대학을 나온 사람들은 전문 직업에 종사하면서 고액 연봉을 받아간다. 전문가 집단, 특히 금융업에 종사하는 사람들의 연봉은 하늘 높은 줄 모르고 치솟아왔다. 최근의 금융 위기에도 불구하고 금융업은 호황을 누린다. 기업 경영자가 받는 보수도 과거에는 평균 노동자의 10배, 20배에 불과했으나 지금은 400배나 된다.

이에 반해 대학을 나오지 않은 생산직 노동자들의 보수는 제자리걸음이거나 뒷걸음질이다. 대학을 나오지 않았으니 보수가 낮아도 불평할 수가 없다. 자동화, 로봇 때문에 중간 정도의 숙련도를 가진 일자리들은 사라지고 로봇 설계와 프로그래밍을 담당하는 초고도 숙련 노동자로 대체된다. 유통, 창고업, 전자상거래의 혁신으로 말미암아 중산층에 속하는 자영 상인들은 갈 곳을 잃고 그 자리를 월마트의 고객맞이 직원(greeters: 매장 앞에서 고객에게 인사만 하는 직원)과 아마존의 창고 노동자 등 최하위 노동자뿐만 아니라 대형 판매업체의 부자 사장과 아마존의 제프 베이조스Jeff Bezos 같은 세계 최상류층 사람들이 차지한다(마코비츠, 55쪽). 한때는 중산층이 두꺼운 사회였으나 새로운 기술혁신과 실력주의가 결합되면서 노동시장의 양극화가 진행되어왔다.

중산층이 붕괴하고 노동시장이 양극화함에 따라 대졸과 고졸 사이의 보수 격차는 지난 40년간 크게 증가했다. "1960년대 중반에는 대기업 최고경영자가 일반적인 생산 노동자보다 20배 정도 높은 급여를 받았지만 현재는 300배 높은 급여를 받는다. 엘리트 법무법인 파트너의 수입은 1960년대 중반에 비서가 받는 급여의 5배가 안 되었으나 현재는 40배가 넘는다. (…) 가장 급격한 변화가 나타난 분야는 금융계일 것이다. 데이비드 록펠러David Rockefeller는 1969년 체이스 맨해튼 은행 회장이 되었을 때 160만 달러(2015년 달러 가치로) 정도의 급여를 받았다. 이 금액은 그 당시 일반적인 은행 창구 직원이 받던 급여의 50배에 달했다. 현재 JP모건 체이스의 최고 경영자인 제이미 다이먼Jamie Dimon이 2018년에 받은 보수 총액은 2,950만 달러로, 오늘날 은행 창구 직원이 받는 평균 급여의 1,000배가 넘는다(마코비츠, 69쪽).

경제학자 로버트 프랭크Robert H. Frank는 현대에서 승자독식winner-take-all 시장이 늘어나면서 행운의 중요성이 더욱 커졌음을 지적한다. 이런 시장에서는 재능과 노력의 사소한 차이가 엄청난 보수의 격차를 가져온다. "비슷한 재능으로 비슷한 노력을 기울이지만 행운이 훨씬 더 많이 따르는 사람에게 지기 마련이다. (……) 이와 같은 모의 경쟁실험을 1,000번이나 반복해서 실시해도 최종 승자의 재능과 노력 점수가 나머지 모든 경쟁자보다 높은 경우는 극소수에 불과하다(프랭크, 38~39쪽)."

7
—
실력주의와
포퓰리즘
◎

대학을 나오지 않은 노동자들은 금전적으로 뿐만 아니라 정서적·심리적으로도 업신여김을 당해왔다. 민주당의 오바마, 힐러리 후보가 월가의 금융계에 밀착된 정책을 지향하고 블루칼라 노동자에게 관심을 쏟지 않자 노동자들은 2016년 대선에서 전통적으로 지지해오던 민주당 대신 공화당의 트럼프에게 몰표를 안겨줬다.

그토록 많은 노동자, 중산층들이 2016년 선거에서 불만과 증오를 앞세우는 트럼프에게 지지를 보낸 것은 완전히 예상 밖이었다. 2016년 대선에서 거의 대부분의 언론이 힐러리 클린턴의 승리를 점쳤으나 결과는 뜻밖에도 트럼프의 승리였다. 위스콘신, 미시간, 펜실베이니아 등 소위 '녹슨 벨트Rust Belt'라고 불리는 전통적 제조업 지역의 노동자들이 민주당에 등을 돌리고 트럼프의 포퓰리즘에 동조한 것이 2016년 대선의 이변을 가져왔다.

'녹슨 벨트'에는 자동차의 도시 디트로이트, 철강의 도시 피츠버그 등이 포함되는데, 이들 지역은 한때 번영을 구가했으나 1970년대 이후 외국의 경쟁 업체들에게 밀리면서 구조조정, 감원, 폐업으로 급격히 쇠퇴한 곳이다. 이곳에 사는 블루칼라 노동자들은 일자리 축소, 임금 삭감에 시달리면서 어려운 시절을 견뎌왔다. 이들은 전통적으로는 민주당을 지지해왔으나 점차 어려워지는 환경 속에서 실력주의적 모욕까지 더해지자 드디어 민주당에 배신감, 분노를 느끼고 그 감정을 응징 투표에 반영한 것으로 보인다.

"결과적으로 트럼프는 대학 졸업장이 없는 백인 유권자 사이에서 39퍼센트포인트 차로 앞섰다. 그뿐만 아니라 그에게 표를 던진 사람 중에서 인종을 불문하고 대학을 다녔지만 졸업하지 않은 유권자와 연간 소득이 5만~10만 달러 사이인 유권자, 정확히 말해 실력주의에 따른 불평등으로 가장 큰 타격을 입은 위기의 중산층이 가장 높은 비율을 차지했다. 트럼프는 교육 수준이 가장 낮은 50개 카운티에서 31퍼센트포인트 가까운 표차로 승리했다. 반면에 교육 수준이 가장 높은 50개 카운티에서는 26퍼센트포인트 차로 패했다."(마코비츠, 151~152쪽)

연방제를 채택하고 있는 미국은 대통령 선거 방식이 우리와 다르다. 그것은 연방제의 독특한 방식으로, 주별로 개표를 하고 그 주에서 한 표라도 더 얻은 후보가 그 주의 선거인단을 몽땅 가져간다. 그런 방식으로 총 선거인단을 집계해서 한 표라도 많은 쪽이 승리하는 방식이므로 후보로서는 한 주라도 더 획득하는 것이 선거에서 이기는 데 중요하고, 여기서 온갖 선거 전략이 나온다. 미국의 50개

주 중에는 민주당이 무조건 이기는 주가 있는가 하면 태풍이 불어도 공화당을 지지하는 주도 있다. 이런 주는 선거를 하기 전에 이미 판세가 결정되어 있고, 선거인단도 확보되어 있다고 보면 된다.

그러니 선거의 승패를 좌우하는 것은 민주당과 공화당을 왔다 갔다 하는 주들(이른바 스윙스테이트swing states)인데 이런 주가 10개쯤 된다. 앞에서 말한 '녹슨 벨트'의 위스콘신, 미시간, 펜실베이니아가 바로 스윙스테이트에 속하고 이 3개 주는 선거인단도 많은 편이어서 대선 전체의 판세를 좌우할 정도다. 2016년과 2020년 대선에서 이 3개 주는 공화당과 민주당을 왔다 갔다 했고, 그것이 선거의 승패를 결정했다. 오바마는 대선 다음 날 충격적인 패배 소식을 접하자 이렇게 말했다. "이번 대선에서 패배한 이유는 힐러리 클린턴이 위스콘신주를 한 번도 방문하지 않았기 때문이다." 이 말은 매우 함축적인데, 사실 힐러리는 선거 막판에 위스콘신에 가지 않았고, 그뿐 아니라 미시간, 펜실베이니아에도 가지 않았다. 왜 그랬을까? 워낙 바빴고 거기는 전통적으로 민주당 강세 지역이니 이길 것으로 믿고 더 급한 다른 주를 방문했던 것이다. 그건 이해할 만하다.

결국 이 3개 주를 몽땅 트럼프에게 내주었는데, 그 이유는 선거 막판에 방문을 하지 않아서 그런 것이 아니다. 오바마 행정부가 8년 내내 실력주의적 오만에 빠져 블루칼라 노동자들을 돌아보지 않고, 월가의 금융계와 밀착해 금융자본에 대해서는 금융 위기의 책임을 묻는 대신 천문학적 지원을 해주었으니, 실직하거나 저임금에 시달리던 노동자들은 극도의 소외감과 배신감을 느낄 수밖에 없었고 그 감정을 선거에서 투표로 나타낸 것이다. 오바마는 8년 집권 동안 꼭 필요한 개혁은 하지 않은 채 좌고우면으로 일관해 서민, 노동자, 중산층의 광범위한 민심 이반을 야기한 책임을 면할 수 없다. 그렇게 보면 2016년 대선의 패배 원인은 힐러리에게 있다기보다는 오바마 자신에 있었고, 따라서 패배 원인을 힐러리에게 돌린 오바마의 말은 지극히 부적절한 남 탓이자 비겁한 언행이었다.

민주당이 저학력 노동자들을 무시하면서 월가의 부자들과 대졸 전문직에 친화적 태도를 보인 반면, 트럼프는 교묘한 단어를 구사해서 저학력 노동자들의 구미에 맞는 (그러나 합리성은 없는) 연설을 하는 데 능했다. 오랫동안 참고 억눌려왔던 노동자들이 민주당에 분개하고, 차라리 멕시코 국경에 장벽을 세워서라도 제조업의 일자리를 지키겠다는 황당무계한 공약을 내건 트럼프에게 한 가닥 희망을 걸었던 것이다. 2016년 선거가 끝난 뒤 지역별 투표 성향을 분석해보니 선거구의 학력 수준이 낮은 곳에서는 트럼프에게 몰표를 던졌고, 반대로 고학력 선거구에서는 힐러리 클린턴에 대한 지지가 확고했다. 트럼프는 포퓰리스트로서 선동적 연설로 저학력층의 구겨진 자존심을 살려주는 척하면서 대중적 지지를 획득했던 것이다.

대졸 전문직 등 '엘리트들의 오만한 문화'가 얼마나 블루칼라 노동자들의 자존심을 상하게 했는지는 누구도 잘 몰랐고, 2016년 대선 결과가 나온 뒤에야 그 원인을 분석하는 과정에서 비로소 파악

되었다. 다행히 블루칼라 노동자들의 반항적 행동은 오래가지 않았다. 노동자들이 스스로의 실수를 깨닫는 데는 그리 오랜 시간이 걸리지 않아서, 2018년 중간 선거에서 이들 3개 주는 모두 트럼프를 거부하고 민주당 지지로 돌아왔고, 그런 추세는 2020년 대선까지 이어져 트럼프의 재선을 저지했다.*

<table>
<tr><td>

8
—
대안은
없는가

</td><td>

우리는 지금까지 얼핏 보면 실력주의가 공정하고 가난한 집 아이들에게 신분 상승의 사다리를 제공해주는 것 같지만, 실제로는 부잣집 아이들에게 크게 유리한 '기울어진 운동장'에 불과하다는 것을 보았다. 부잣집 아이들은 태

</td></tr>
</table>

어나서부터 가정환경에서 유리하고, 고학력 부모의 가르침을 받을 뿐 아니라 나중에 학교에 가서도 여러 가지 인적 네트워크 등에서 유리하다. 가난한 학생들은 꿈도 꾸지 못할 고액 과외를 받을 수도

---

* 2020년 11월 대선이 있기 직전 버니 샌더스 의원은 선거 결과를 예측하면서, 개표 초기에는 위스콘신, 미시간, 펜실베이니아 3개 주에서 모두 트럼프가 앞서고 트럼프는 승리를 선언할 것이지만 개표가 진행될수록 판세가 뒤집혀 결국 바이든이 이길 것이라고 말했다. 결과는 완전히 그대로 되었다. 위스콘신, 미시간, 펜실베이니아의 노동자들이 더 이상 트럼프의 농간에 넘어가지 않고 옛 사랑 민주당을 지지했기 때문에 바이든이 이겼다. 2016년, 2020년 두 번 연속 이 지역이 선거의 승패를 갈랐다.

있다. 그러니 실력주의는 겉으로만 공정할 뿐, 실제로는 과거의 귀족제나 금권주의와 별반 다를 바 없이 부자와 특권층에 유리한 체제다.** 게다가 치열한 실력주의 경쟁의 결과 승자에게는 자만심을, 패자에게는 모멸감을 안겨준다는 점에서 과거의 귀족제나 금권주의보다 오히려 더 나쁜 측면도 있다.

왜냐하면 과거의 귀족이나 부자들은 사회적 출세의 꼭대기를 달렸지만 그것이 자기 노력 덕분이 아니고 부모를 잘 만나서 그렇다는 것을 잘 알고 있었기 때문에 내놓고 으스대지 않았다. 그리고 하층 계급은 자신의 실패가 본인 탓이라기보다는 부모를 잘못 만난 운수 탓이라고 여겼기 때문에 스스로를 업신여기지 않았다. 그들은 아마 그냥 운명이라고 체념하면서 한평생을 살았을 것이다. 이에 반해 실력주의의 승자들은 본인이 똑똑하고 더 많은 노력을 해서 좋은 학교를 나왔고 그래서 성공했다고 생각하므로, 스스로 대단한 자부심을 느끼고 실패자들을 업신여기는 버릇이 생겼다. 실패자들은 자기 재능이 부족하거나 노력이 부족해서 경쟁에서 실패했다고 여기므로 스스로 자존심이 상한다. 그런 점에서 실력주의는 인간성에 대한 모독이다. 빈자와 패자들이 이처럼 모독을 당하고 자존심이 상한 것은 인류 역사상 일찍이 없었다.

** 그런 의미에서 마코비츠는 실력주의를 신형 귀족제, 즉 소득과 부의 최대 원천이 토지가 아닌 노동력인 세상을 위해 맞춤 제작된 귀족제라고 본다(마코비츠, 33쪽).

그럼 대안은 무엇인가? 마코비츠는 지금까지 인류 역사상 엄청난 불평등이 파국을 거치지 않고 평화적으로 해결된 것은 1930년대 뉴딜밖에 없었다고 하면서 교육과 노동에서 대대적인 개혁을 요구한다. 첫째, 부유층 자녀의 최고급 교육에 집중하는 교육 방식은 보다 개방되고 포용성을 가져야 한다. 최고 명문 학교와 대학에서라도 입시 경쟁이 완화되어야 하며, 훈련이 덜 소모적으로 이루어져야 한다. 둘째, 현재 암울한 일자리와 폼 나는 일자리로 분리된 노동을 경제적 생산의 중심에 있는 중간 숙련도급 노동자에게 되돌려줘야 한다(마코비츠, 460~461쪽).

부유층이 한 자녀에게 물려주는 실력의 상속은 한 명당 1,000만 달러로 추산되는데, 이런 상속에 대해 한 푼도 세금을 내지 않고 있다. 부유한 부모가 자녀 교육에 쏟아붓는 막대한 투자는 재산에 포함되지도 않는다. 또한 사립학교와 대학은 공익 자선단체와 마찬가지로 세금 혜택을 입고 있다. 이런 관행은 실력주의 교육을 사실상 최고 부자 엘리트들만 이용할 수 있는 조세 피난처로 만들고 있다. 대학이 계속해서 조세 혜택을 받기를 원한다면 소득 분포의 3분의 2에 해당하는 가정 출신 학생들을 절반 이상 입학시키지 않으면 세금 면제 혜택을 받지 못하도록 해야 한다고 마코비츠는 제안한다. 그리고 입시 경쟁이 가장 심한 아이비리그 대학은 입학 정원을 2배로 늘려 비엘리트 계층의 신입생을 받아들여야 비영리단체의 요건을 갖춘 것으로 간주해야 한다고 주장한다.

둘째로 마코비츠는 고용주가 중간 숙련도급 일자리를 창출할 의욕을 느끼도록 세금을 활용할 필요가 있다고 주장한다. 지금 미국의 급여세payroll tax는 역진적인데, 이것만 개혁해도 중간 숙련도급 일자리 창출을 유도해낼 수 있다는 것이다. 현재 세제는 중간 숙련공을 해고하고 초숙련공을 채용하는 것을 장려하고 있는데, 이런 세제를 개혁함으로써 중간 숙련 일자리를 만들어낼 수 있다고 보는 것이다. 특히 법률, 의료, 금융 분야에서 현재의 세제나 규제를 바꿈으로써 중간급 숙련도의 노동자들이 보다 많은 일자리를 갖게 만들 수 있다고 주장한다.

한편 마이클 샌델은 "시험 성적 말고 인재를 분류할 방법이 있는가"라는 질문을 던지면서 대학 입시의 새로운 방식을 제안한다. 샌델은 하버드대학이나 스탠포드대학에서 합격생을 뽑을 때 '추첨'을 하자는 파격적인 제안을 한다. 하버드, 스탠포드에 매년 4만 명의 학생이 응시하는데, 그중 합격생은 2,000명에 불과하다. 4만 명 중 최소한의 학력 기준을 정해서 2~3만 명을 가려낸 뒤 추첨을 해서 최종 합격자를 정하면 그중 누가 합격해도 충분히 자격이 있다는 것이다. 이렇게 하면 공부를 열심히 하지 않는 학생들은 제외하면서 지나친 입시 경쟁을 막을 수 있고, 지금 방식보다는 가난한 집 아이들이 좀 더 많은 기회를 갖게 될 것이다.

이런 제안을 하면서 샌델은 야구 선수 중 역사상 가장 뛰어난 투수로 자타가 공인하는 놀런 라이언 이야기를 한다. 라이언은 역대 투수 중 최다 탈삼진 기록을 갖고 있으며, 야구 명예의 전당에 첫 번째로 오른 대선수다. 그런데 그가 열여덟 살 때 야구 드래프트에 응했는데, 드래프트가 열두 바퀴 돌 때까지도 지명을 받지 못했다. 프로야구 팀들은 라이언보다 먼저 294명을 지명하고 난 뒤에야 비로소 라이언을 데려갔다. 비슷한 예로 미식축구 사상 최고의 쿼터백으로 손꼽히는 톰 브래디는 199번째로 드래프트 지명을 받았다. 인간의 재능을 평가하는 것은 이처럼 대단히 어려운 일이다.* 그렇다. 인간의 능력과 재능을 SAT 점수와 몇 가지 지표, 추천서로 평가한다는 것은 한계가 있을 수밖에 없고 그런 점에서 실력주의는 명백히 맹점이 있다. 따라서 하버드대학 입학을 추첨으로 정하자는 샌델의 제안은 상당히 일리 있는 탁견이라 하지 않을 수 없다.

---

* 맥나미와 밀러는 자기 대학에서 신임 조교수를 뽑을 때 응모자들의 실력을 판별해내는 것이 얼마나 어려운가 하는 실제 예를 들어 실력주의의 현실적 난점을 지적한다. 교수 채용을 할 때에는 누가 최고의 인재인지를 가려내기가 매우 어렵고, 실제로 최종 결과는 실력 이외의 요인에 의해 자주 반전이 일어난다는 실제 사례를 들어 실력주의를 비판한다(맥나미, 밀러, 2015, 제6장).

우리나라 대학에서도 이런 방식을 도입하는 것을 적극 권장하고 싶다. 언제까지 시험 점수 소수점 한 자리로 인간을 평가하고 차별하고 소외시킬 것인가. 과감한 발상의 전환이 필요하다. 우리나라에서 흔히 보이는 패배주의가 하나 있다. 즉 '입시제도를 아무리 바꾸어도 입시 지옥을 해결할 수 없다'는 것이다. 과연 그럴까? 사람들은 해방 후 지금까지 대학 입시제도가 수십 번 바뀌었지만 문제는 해결되지 않고 오히려 악화일로라는 사실을 근거로 이런 패배주의를 쉽사리 받아들인다. 그러나 이 말은 옳지 않다. 결국 입시제도를 바꿈으로써 문제를 해결할 수 있다.

『시험국민의 탄생』을 쓴 이경숙 박사는 이렇게 말한다. "무엇보다 입학 제도와 대학 체제의 전면적 개선책을 모색해야 한다. '정유라 사건', '숙명여고 쌍둥이 사건', '조국 사태', '나경원 자식 사건' 등 수많은 사건들에서 우리의 대학 입학 제도는 어떤 형태로든 가진 자에게 유리한 전형임을 확인했다. 촘촘히 서열화된 대학이 있고 유명 대학 졸업자들이 특권을 누리는 사회에서 대학 입학 전형 방법의 변경으로 교육 불평등 문제를 해결할 수는 없다. 대학 서열화를 완화시킬 방법을 찾되, 정부의 힘이 미치는 국공립 대학 중심으로 적극적으로 새로운 판을 짜야 한다."(박권일 등, 60~61쪽)

옳은 지적이다. 다시 한번 생각해보자. 입시제도 말고 무엇을 바

뭐야 입시 지옥 문제가 해결될까? 다른 나라는 왜 우리나라만큼 입시 지옥이 심하지 않을까? 결국 문제는 입시제도다. 수없이 바꾸고 또 바꾸어왔지만 결국 가진 자, 부자들은 그 제도를 넘어서서 늘 유리한 고지를 점령해왔다. 그런 관행을 타파할 정도로 근본적인 입시제도 개혁이 필요하다. 입시 지옥이라면 한국은 어떤 나라에도 뒤지지 않기 때문에 더더욱 근본적인 개혁이 요구된다.

그리고 한국의 교육제도나 각종 시험이 미국의 제도를 많이 모방한 것이므로 실력주의를 비판적으로 분석한 최근 저작들은 한국에도 시사하는 바가 크다. 한국의 내신, 수능의 관계는 미국의 제도와 닮았는데, 그나마 미국에는 가난하지만 우수한 아이들이 좋은 대학에 가는 길이 아주 좁지만 열려 있는 데 반해 우리는 그 길을 점점 막고 있다. 수능을 확대해도 부잣집 아이에게 유리하고, 내신을 확대해도 부잣집 아이에게 유리하니 진퇴양난이다.

우리는 수년 전 입시사정관이라는 제도를 미국에서 이식해 왔는데, 불과 몇 년 만에 머리 좋은 한국인은 귤을 탱자로 만들어버렸다. 한국의 입시 제도는 많은 부분 미국 제도를 모방한 것인데, 우리는 미국을 능가하는 더 나쁜 제도를 만들었다고 할 수 있다. 폴 터프 Paul Tough의 책을 읽어보면 미국에서는 아주 좁지만 그래도 활로가 있고 개인적 영웅담이 있는데, 우리는 무지막지하게 모든 것을 점수화해놓고, 뒤로는 인맥과 연줄로 부자들에게 더욱 유리한 게임의 룰을 만든 게 아닌가.

우리에게 길이 있는가? 많은 사람들이 충분히 찾아보지도 않고 입시제도에는 길이 없다는 패배주의적 결론을 내린다. 찾으면 왜 길이 없겠는가. 길은 있다. 고교 내신 성적만 좋으면 입학시키는 텍사스주립대학교, 내신과 표준고사 중 본인에게 유리한 것을 선택하게 하는 선택입학제 등 폴 터프의 책은 다양한 길을 소개하고 있다. 마이클 샌델 교수의 파격적인 추첨 제안도 탁월한 아이디어다. 우리도 입시제도를 과감히 개혁함으로써 실력주의의 비인간적 경쟁에서 벗어나고, 지긋지긋한 입시 지옥의 고통에서 아이들을 구해낼 수 있을 것이다.

참고
도서

강준만, 『아이비리그의 빛과 그늘: 능력주의사회와 엘리트의 탄생』, 인물과사상사, 2011.

박권일 외, 『능력주의와 불평등: 능력에 따른 차별을 공정하다는 믿음에 대하여』, 교육공동체벗, 2020.

이경숙, 『시험국민의 탄생』, 푸른역사, 2017.

이시철, 「메리토크라시, 현대적 쟁점과 대안」, 《경사연리포트》(경제인문사회연구회), 통권 27호, 2020.

_____, 「메리토크라시의 현대적 쟁점: 공공 영역을 중심으로」(한국행정학회 하계 학술대회 발표 논문), 2021.

이정우, 『불평등의 경제학』(2판), 후마니타스, 2017.

대니얼 마코비츠, 『엘리트 세습』, 서정아 옮김, 세종, 2020 (Daniel Markovits, *The Meritocracy Trap: How America's Foundational Myth Dismantles the Middle Class, and Devours the Elite*, Penguin Press, 2019).

마이클 샌델, 『공정하다는 착각』, 함규진 옮김, 와이즈베리, 2020 (Michael Sandel, *The Tyranny of Merit: What's Become of the Common Good?*, Farrar, Straus and Giroux, 2020).

마이클 영, 『능력주의』, 유강은 옮김, 이매진, 2020 (Michael Young, *The Rise of the Meritocracy*, Penguin Press, 1958).

로버트 H. 프랭크, 『실력과 노력으로 성공했다는 당신에게』, 정태영 옮김, 글항아리, 2018 (Robert H. Frank, *Success and Luck: Good Fortune and the Myth of Meritocracy*, Princeton University Press, 2017).

폴 터프, 『인생의 특별한 관문』, 강이수 옮김, 글항아리, 2020 (Paul Tough, *The Years That Matter Most: How College Makes or Breaks Us*, Mariner Books, 2019).

스티븐 J. 맥나미, 로버트 K. 밀러 주니어, 『능력주의는 허구다』, 김현정 옮김, 사이, 2015 (Stephen J. McNamee and Robert K. Miller, Jr., *The Meritocracy Myth*, 3rd ed. Rowman and Littlefield, 2015).

Ronald P. Dore, *The Diploma Disease: Education, Qualification, and Development*, University of California Press, 1976,

Samuel Bowles and Herbert Gintis, *Schooling in Capitalist America*, Basic Books, 1976.

EBS 클래스ⓔ 시리즈 22

왜 우리는 불평등한가

1판 1쇄 발행 2021년 11월 30일
1판 2쇄 발행 2022년 3월 30일

지은이 이정우

펴낸이 김유열 **| 콘텐츠기획센터장** 류재호 **| 북&렉처프로젝트팀장** 유규오
북매니저 박민주 **| 북팀** 박혜숙, 여운성, 장효순, 최재진
렉처팀 이규대, 이예리, 김양희, 이슬기 **| 마케팅** 김효정, 최은영
책임편집 엄기수 **| 디자인** 정하연 **| 인쇄** 우진코니티

펴낸곳 한국교육방송공사(EBS)
출판신고 2001년 1월 8일 제2017-000193호
주소 경기도 고양시 일산동구 한류월드로 281
대표전화 1588-1580
홈페이지 www.ebs.co.kr **| 이메일** ebs_books@ebs.co.kr

ISBN 978-89-547-6145-1 04300
       978-89-547-5388-3 (세트)